皖籍思想家文库

刘飞跃 主编

老子 卷

LAOZI JUAN

刘固盛 著

全国百佳图书出版单位

时代出版传媒股份有限公司

安徽人民出版社

图书在版编目(CIP)数据

老子卷/刘固盛著.—合肥:安徽人民出版社,2019.9

(皖籍思想家文库/刘飞跃主编)

ISBN 978－7－212－10600－3

Ⅰ.①皖…　Ⅱ.①刘…　②刘…　Ⅲ.①老子—哲学思想—思想评论

Ⅳ.①C　②B223.15

中国版本图书馆 CIP 数据核字(2019)第 141169 号

皖籍思想家文库·老子卷

刘飞跃　主编　刘固盛　著

出 版 人:徐　敏　　　　　　　　　　　　责任印制:董　亮

责任编辑:吴　筠　孔　健　　　　　　　　封面设计:陈　爽

出版发行:时代出版传媒股份有限公司 http://www.press-mart.com

　　　　　安徽人民出版社 http://www.ahpeople.com

地　　　址:合肥市政务文化新区翡翠路 1118 号出版传媒广场八楼　邮编:230071

电　　　话:0551－63533258　0551－63533292(传真)

印　　　刷:安徽新华印刷股份有限公司

开本:710mm×1010mm　　1/16　　印张:7.75　　　字数:120 千

版次:2019 年 9 月第 1 版　　　　2019 年 9 月第 1 次印刷

ISBN 978－7－212－10600－3　　　　　定价:28.00 元

绪　论

　　安徽这片文化沃土，自古就广袤而绵延。她山水秀丽、历史神奇、文化丰厚，先后孕育了道家哲学、建安文学、魏晋玄学、新安理学、徽派朴学、桐城文学、现代新学等，诞生了许多享誉中外的思想家，他们在中国思想发展史上，乃至世界文明史上，都产生过重大的影响，具有独特的思想文化价值。

　　安徽省委省政府、省委宣传部及学界，历来十分重视安徽的地域性文化研究、文化宣传和文化建设，提出了"文化强省"的战略，在打造"文化安徽"品牌、努力让安徽文化"走出去"、为提升我国的文化软实力和人类精神文明建设服务的同时，也扩大了安徽文化的对外影响。如已经出版的"徽学丛书""安徽文化精要丛书"及《安徽文化史》《安徽历史名人辞典》《朱子全书》《方以智全集》《戴震全书》《朱光潜全集》等。这些分别从安徽文化发展史和安徽个别思想家的角度，进行了开拓性的研究和整理，但是集中展示"皖籍"思想家的思想、文化及其研究成果的文献还没有。

　　"皖籍思想家文库"则填补了这方面的一个空白。

　　"皖籍思想家文库"首次较为广泛、系统、集中地展现了两千多年来"皖籍"思想家的思想原貌、文化精髓和研究水平，是一个思想长廊，是"文化安徽"的底蕴体现和实现"文化强省"目标的战略举措，也是安徽对外宣传的重大文化品牌，展示了安徽文化自信的源来，更为主要的是落实了习近平总书记系列讲话精神——传统文化是独特的战略资源，是最深厚的文化软实力；中华优秀传统文化是中华民族的精神命脉，是涵养社会主义核心价值观的重要源泉，也是我们在世界文化激荡中站稳脚跟的坚实根基；要认真汲取其中的思想精华，深入挖掘和阐发其"讲仁爱，重民本，守诚信，崇正义，尚和合，求大同"的时代价值。

"皖籍思想家文库"从政治、经济、文化、教育、哲学、美学、宗教、军事等方面，从众多皖籍思想家中选择了管子、老子、庄子、刘安(《淮南子》)、曹操、嵇康、陈抟、朱熹、朱元璋、方以智、戴震、王茂荫、李鸿章、陈撄宁、陈独秀、陶行知、胡适、朱光潜、宗白华、方东美、王稼祥、赵朴初等22位自先秦至近现代在我国思想史上有重大影响和代表性的"皖籍"思想家，以"文化皖军"方阵的形式，从思想研究"本论"和思想原典"文选"两个方面加以整理、研究，既呈现了其经典的思想，又展示了其研究的水平，使资料性、学术性、现代性得以统一，实现了对优秀传统文化的创造性转化、创新性发展。

这也是本文库的两大特色。

"皖籍思想家文库"所谓的"皖籍"，包括祖籍或本籍在皖。如淮南王刘安，其祖籍为江苏沛县，但刘安一生都在淮南，属于本籍在皖；朱熹是福建人，但他的祖籍为当时的徽州婺源，属于祖籍在皖；宗白华的祖籍是江苏常熟，但是他出生及幼年都在安徽安庆市，属于曾经本籍在皖。

"皖籍思想家文库"由安徽省社会科学院组织本院哲学、史学、文学、经济学、社会学等方面的专家学者负责指导、编撰，并特邀部分省内，乃至全国"皖籍"思想家研究方面的专家学者参与，如《老子》研究专家华中师范大学刘固盛教授，《淮南子》研究专家安徽大学陈广忠教授，宗白华研究专家首都师范大学王德胜教授，陈独秀研究专家安庆师范大学朱洪教授，胡适研究专家安徽大学陆发春教授，方以智研究专家陶清研究员，方东美研究专家余秉颐研究员，朱光潜研究专家钱念孙研究员，管子研究专家安徽省管子研究会龚武先生，曹操研究专家亳州市文化与旅游局赵威先生，陈抟研究专家亳州市陈抟研究会修功军先生，王茂荫研究专家黄山市社会科学联合会陈平民先生，王稼祥研究专家中共安徽省委党史研究室施昌旺先生等。

"皖籍思想家文库"是 2017—2018 年度中共安徽省委宣传部重大文化建设项目,共 22 册,包括《管子卷》《老子卷》《庄子卷》《刘安卷〈淮南子〉》《曹操卷》《嵇康卷》《陈抟卷》《朱熹卷》《朱元璋卷》《王茂荫卷》《方以智卷》《戴震卷》《李鸿章卷》《陈独秀卷》《陈撄宁卷》《陶行知卷》《胡适卷》《朱光潜卷》《宗白华卷》《方东美卷》《王稼祥卷》《赵朴初卷》等,每册 25 万~30 万字,包含"本论"和"文选"两部分内容,其中思想家思想研究"本论"部分 5 万~10 万字,思想家思想选录"文选"部分 20 万字以内,共约 550 万字。

　　由于时间仓促、课题容量限制,还有一些重要的皖籍思想家,如桓谭、杨行密、包拯、刘铭传、杨文会等,本辑未能收录,期待续集纳入。

　　"皖籍思想家文库"的申报、编撰、审阅、出版,分别得到中共安徽省委宣传部的主要领导及安徽省社会科学院、安徽人民出版社有关专家学者及编委和多位编辑的大力支持。

　　在此,表示衷心的感谢!

　　书中如有不妥不当之处,敬请读者朋友批评指正。

刘飞跃

2018 年 12 月

绪

论

目　录

前　言

　　《老子》作为中国传统文化中最伟大的经典之一，拥有精深玄奥的思想体系，具有跨越时空的恒久价值，故一直受到社会的高度重视。《老子》不仅对中国传统文化产生了极其深远的影响，而且远播海外，成为全人类的共同精神财富。《老子》在历史长河中闪耀出来的哲学光彩，在现实世界透露出来的思想启示，无不显示出道家和中国文化生生不息的活力。《老子》凝聚着中国文化的内在精神，体现出中华民族的坚实底气，反映出中国智慧的深邃广大。

　　由于老子之道具有高度的抽象性、普遍性，因此为后人诠释与领会老子的思想留下了广阔的空间。自战国时期韩非作《解老》《喻老》，开诠释《老子》之先河，自此以后，历代注疏《老子》者层出不穷，迄今仍然不断涌现，从未间断，由此形成了内容极其丰富的老学。老学涉及哲学、宗教学、史学、文学等各大学科门类，不仅自身形成了十分浩繁博大的学术系统，而且跟中国文化史、思想史密切相关。老学是与汉代经学、魏晋玄学、隋唐佛学、宋明理学、清代朴学、近代西学的发展交融共进的，它与儒、道、释三家的关系盘根错节，十分密切。

　　不同时代对《老子》的注解和研究，其宗旨是各不相同的，因此，老学的时代性特别鲜明。唐末杜光庭总结说："道德尊经，包含众义，指归意趣，随有君宗。河上公、严君平皆明理国之道，松灵仙人、魏代孙登、梁朝陶隐居、南齐顾欢皆明理身之道，符坚时罗什、后赵图澄、梁武帝、梁道士窦略皆明事理因果之道，梁朝道士孟智周、臧玄静、陈朝道士诸糅、隋朝道士刘进喜、唐朝道士成玄英、蔡子晃、黄玄赜、李荣、车玄弼、张惠超、黎元兴皆明重玄之道,何晏、钟会、杜元凯、王辅嗣、张嗣、羊祜、卢氏、刘仁会皆明虚极无为理家理国之道,此明注解之人,意不同也。又诸家禀学立宗不同,严君平以虚玄为宗,顾欢以无为为宗,孟智周、臧玄静以道德为宗,梁武帝以非有非无为宗,孙登以重玄为宗。"①杜光庭指出,《老子》书内涵丰富,所以注释时可以有各种角度,其"指归意趣,随有君宗",即注家可以从《老子》中解读出不同的宗趣,阐发出不同的新义。宋元之际的杜道坚则进一步指出:"道与世降,时有不同,注者多随时代所尚,各自其成心而师之。故汉人注者为'汉老子',晋人注者为'晋老子',唐人、宋人注者为'唐老子''宋老子'。"②杜道坚提出了一个十分重要的观点,即不同时代有不同的"老子"。杜道坚注意到不同时代的学术特点和文化条件、不同身份和知识背景的《老子》研究者,都会对老学的发展产生影响,这是一个很难得的认识。历史上,帝王将相,儒家学者,道士僧人,乃至江湖隐士都纷纷注解《老子》,注家身份的多样性决定了其思想的多样性、广阔性和丰富性,从而使中国老学显示出了强大的学术活力与社会影响。老学的发展反映出中国传统文化的演进和中国传统文化精神的生成,体现中华优秀传统文化的独特性。

本书对《老子》的介绍和研究,相对于其他同类著作来说,一个主要的不同或者特点,便是注意从老学史的视角来把握老子的思想内容及其历史影响。关于老子其人其书,虽然学术界过去有过激烈的争论,但随着马王堆帛书《老子》和郭店楚简《老子》的相继出土,现在的认识应该是很清楚的了,即老子是春秋末年的思想家,《老子》书为其自著,成书时间不晚于战国初年。关于老子的思想,当然可以从不同的角度进行概括,特别是自20世纪80年代以来,老子研究有了很大的进展,其研究内容涉及哲学、宗教、政治、美学、史学、养生、管理、谋略、处

---

① 熊铁基、陈红星主编:《老子集成》第二卷,宗教文化出版社2011年版,第35页。
② 熊铁基、陈红星主编:《老子集成》第五卷,宗教文化出版社2011年版,第534页。

世、自然科学、环境保护、建筑、军事、经济、法律、教育、伦理、医学、心理学、语言学、逻辑、文学、文献学、老学史等二十多个方面[①]，但道论、治国、修身或者说哲学、政治、人生仍然是老子思想最核心的内容，本书试图从"道生万物""反者道之动""道法自然"，"无为而治""处下不争""公平公正"，"上善若水""身重于物""以德报怨"一共九个方面来阐发老子思想的上述三大主题。此外，鉴于老子与道教的特殊关系，本书论及老子思想的历史影响时，特别从道教的角度作了较多的阐述。

这里还要提及老子的科学精神，这是近年来老子研究的新内容，并且在今后的研究中将有很大的空间。正如杜祖贻先生指出："二千五百年前科技未兴，老子就凭着卓识和经验，破除迷信妄谈，成书五千言，为中华文化建立明确的人本自然主义，与现代科学研究方法，前后呼应，相互辉映。民族贤哲的睿智及其对世界文明的贡献光耀古今。"[②]杜先生的看法值得重视。例如李政道曾谈到，老子所说的"道可道，非常道；名可名，非常名"与量子力学中的"测不准定律"颇有符合之处。[③]又如在宇宙创生问题上，有学者指出，由维仑金、哈特尔、霍金等根据量子力学的基本原理所建立起来的量子宇宙学是第一个科学的宇宙创生论。该理论用科学的方法论证宇宙的起源从无到有的量子创生过程，而这一宇宙创生模式与老子"有生于无"的宇宙本源论具有惊人的相似性。宇宙的量子创生说与老子的宇宙虚无创生说在哲学上的吻合，有力地说明，东西方思想家在探索大自然的奥妙上虽然所使用的方法具有差异，但殊途而同归。[④]此外，老子强调直觉思维，而越来越多的科学家认为科学研究离不开直觉思维，如爱因斯坦说："我相信灵感与直觉。"波

① 熊铁基等：《二十世纪中国老学》，福建人民出版社 2002 年版，第 338 页。
② 杜祖贻：《老子的科学精神与方法》，载刘固盛主编：《道家道教与生态文明》，华中师范大学出版社 2015 年版。
③ 莫善钊：《台湾、港澳老子研究》，《国内哲学动态》1985 年第 11 期。
④ 刘辽：《有生于无——现代量子宇宙学对于老子哲学的回归》，《自然辩证法通讯》1994 年第 1 期。

前言

恩指出："实验物理的全部伟大发现都是来源于一些人的直觉。"钱学森认为："科学技术工作决不能只限于抽象思维的归纳推理法，即所谓的'科学方法'，而必须兼用形象或直感思维，甚至要得助于灵感或顿悟思维。"老子思想与科学的相通，不仅有助于我们从更高的层面认识老子之道的思想价值与现实价值，还促使我们对中国传统文化精神进行重新思考。[①]

至于《老子》经文，本书据王弼注本，并以浙江书局刻明张之象本为底本，以《道藏》王弼注本、马王堆帛书本、郭店楚简本等为参校本。注释力求简要明了，不作繁琐考证。总之，本书从《老子》的文本解读到思想阐释，都尽可能做到准确有据，并有一定的研究深度。

[①] 刘固盛：《〈道德经〉带给我们的文化自信》，《光明日报·国学版》，2017年6月24日。

第一章　老子其人其书

　　老子是春秋末年道家学派的创立者，与孔子同时，略长于孔子。其书《老子》不仅是道家的奠基之作，也是中国传统文化中一部伟大的经典。然而，作为道家学派创立者的老子，其人其书却历来存在着不同的看法，到20世纪二三十年代，学术界还进行过一次集中的讨论，但问题仍没有得到很好的解决。1973年长沙马王堆帛书《老子》的出土以及1993年湖北荆门郭店楚简《老子》的问世，终于使我们可以对老子其人其书作出更加清楚的认识和判断。

第一节　老子其人

　　关于老子其人，司马迁《史记·老庄申韩列传》中还是记载得比较确定的，即："老子者，楚苦县厉乡曲仁里人也，姓李氏，名耳，字聃，周守藏室之史也。孔子适周，将问礼于老子……"老子即李耳，楚国人，在周朝为史官，孔子曾向老子问礼。司马迁对这些事实都是十分肯定的。也许问题出在司马迁该篇后面的记载："或曰儋即老子，或曰非也，世莫知其然否。老子，隐君子也。"也就是说，在汉代对老子其人已有不同的传说，有人认为"孔子死后百二十九年"去见秦献公的周太史儋就是老子，当然也有人持否定意见，老子是一位隐者，他的踪迹不是十分确定。既然在汉代已对老子有不同的看法，那么后人提出各种观点，也就是十分自然的事了。

　　对老子其人的问题，我们可以从以下三个方面来加以判断：

　　其一是关于《史记》上的记载。司马迁明确肯定了老子与孔子同时，孔子曾向老子问过礼。至于老莱子与太史儋的一些传闻，司马迁也记下来了，这正体现出这位史学家"信以传信，疑以传疑，故两言之"的治史态度，也就是说要力求客观真实地再现出历史的本来面貌，"或曰"并不是说司马迁已怀疑老子的身份了，而是把当时即西汉时期的实际情况反映出来。因此，熊铁基先生在《中国老学史》中指出，司马迁的《老子传》，"既有考据结论，又有存疑的记载，实事求是，是可信的"[1]。例如，司马迁对老子的身世和主要事迹进行简要的记述后，接着便提及，当时还有一位与孔子同时的老莱子，也是"言道家之用"的，孔子也曾请教过；而司马迁既然肯定了孔子问礼于老子，那么孔子死后百二十九年的太史儋，当然也不会是老子了，显然，从司马迁《史记》的记载来看，"老莱子，太史儋都不是老子"[2]。

其二，从先秦其它文献中对老子其人的记载看。尽管流传至今的先秦典籍已非常少，但仍有一些文献如《庄子》《韩非子》《礼记》等记载了老子其人其事。

以《庄子》中的记载为例，其书称引《老子》者共有十九处，老子与孔子，都是庄子所认定的"耆艾"，即"重言"的表达者。而且，《庄子》书中共有八次讲到孔子与老子见面，都是孔子问道于老子，看来，在庄子那里，老先于孔的事实是相当清楚的。过去不少主张老子晚出说的学者，借《庄子》大都为寓言不可信，而否定老子的存在，这显然没有道理。《庄子》书虽"寓言十九"，但诚如郭象所注，这些寓言，"寄之他人，则十言而九见信"[3]。唐兰、黄方刚、孙以楷、熊铁基等学者都先后指出《庄子》中的寓言涉及到历史人物时，所记载的事实大都是有所依据的。所以，"庄子的言论，不但不是不可信的，而且是相当可信的[4]"。

至于孔子与老子交往之事，分别见于《庄子》内篇与外篇之中，例如：

① 熊铁基、马良怀、刘韶军：《中国老学史》，福建人民出版社1995年版，第8页。
② 熊铁基、马良怀、刘韶军：《中国老学史》，福建人民出版社1995年版，第9页。
③ 郭象注、成玄英疏：《南华真经注疏》，中华书局1998年版，第538页。
④ 熊铁基、马良怀、刘韶军：《中国老学史》，福建人民出版社1995年版，第11页。

孔子见老聃，老聃新沐，方将被发而干，慹然似非人。孔子便而待之，少焉见，曰："丘也眩与？其信然与？向者先生形体掘若槁木，似遗物离人而立于独也。"老聃曰："吾游心于物之初。"……①

孔子行年五十有一而不闻道，乃南之沛见老聃。老聃曰："子来乎？吾闻子，北方之贤者也，子亦得道乎？"孔子曰："未得也。"老子曰："子恶乎求之哉？"曰："吾求之于度数，五年而未得也。"老子曰："子又恶乎求之哉？"曰："吾求之于阴阳，十有二年而未得。"②

从上可以看出，《庄子》记载孔子与老子的交往，大都是孔子向老子问道，而《礼记·曾子问》则记载了孔子向老子问礼之事：

孔子曰："吾闻诸老聃曰：昔者史佚有子而死，下殇也，墓远。召公谓之曰：'何以不棺敛于宫中？'史佚曰：'吾敢乎哉！'召公言于周公，周公曰：'岂不可。'史佚行之。下殇用棺衣棺，自史佚始也。"

孔子曰："昔者吾从老聃助葬于巷党，及堩，日有食之。老聃曰：'丘！止柩就道右，止哭以听变。'既明反而后行。曰：'礼也。'反葬，而丘问之曰：'夫柩不可以反者也，日有食之，不知其已之迟数，则岂如行哉？'老聃曰：'诸侯朝天子，见日而行，逮日而舍奠。大夫使，见日而行，逮日而舍。夫柩不早出，不莫宿，见星而行者，唯罪人与奔父母之丧者乎。日有食之，安知其不见星也？且君子行礼，不以人之亲疟患。'吾闻诸老聃云。"

这些记载，可以与《史记》中所记孔子过周问礼于老子互相印证。显然，孔子问礼于老子，应该确有其事。孙以楷先生综合有关文献内容，经过详细的考证，将孔子与老子的交往大致分为三个阶段：第一阶段：孔子向老子问礼；第二阶段："仁义之治"与"无为之治"之辩；第三阶段：孔丘

①《庄子·田子方》。
②《庄子·天运》。

问天道于老聃。因此,综合《史记》《礼记》与《庄子》中的有关记载,"足以证明老子与孔子同时代而又略早"①。我们同意孙先生的这个观点。

其三,从出土文献来看。这一点我们可以把老子与《老子》书联系起来考察。李学勤先生曾断言:

> 古书所记老子长于孔子,《老子》一书先成之事,可以认为是确实可据的。或许我们将来有机会获得地下的材料,来进一步证实这一点。②

从马王堆帛书《老子》甲、乙本及郭店竹简《老子》的出土来看,李先生的判断非常正确。1973 年 12 月,长沙马王堆三号墓中出土了大批帛书,有十多万字,其中包括《老子》的两部写本,分别称为甲本与乙本。由于甲本无避讳,乙本避"邦"字讳,说明甲本抄写时间较乙本早,在刘邦称帝之前,乙本则抄写在刘邦称帝之后。这两种写本,距今已有两千多年的历史,是当时能见到的《老子》的最古的本子,而到 1993 年 10 月,湖北省荆门市博物馆在郭店一号墓中发掘出了竹简《老子》,这是比帛书本《老子》更早的本子,发掘者认为该墓"具有战国中期偏晚的特点,其下葬年代当在公元前四世纪中期至前三世纪初"③。而 1998 年 5 月在美国达慕思大学召开的"世界首次郭店《老子》学术研讨会"上,与会学者大都认为墓葬年代的说法更可精确为"前四世纪晚期至前三世纪早期"。那么,墓中所出竹简《老子》的抄写时间"大概不会晚于公元前三百年左右,比已有的《老子》的最古本——抄写于秦汉之际或汉代初年的马王堆帛书《老子》甲本,还早了一百年左右"④。考虑到先秦时书籍流通并非易事,故从《老子》成书到流传各地为人所熟知、以至成为随葬品,也不会是一个很短的过程,由此可推断《老子》书应该在更早的时代已写成,那么,该书的作者老子

---

① 孙以楷:《老子通论》,安徽大学出版社 2004 年版,第 78 页。
② 李学勤:《申论〈老子〉的年代》,载《道家文化研究》第 6 辑,上海古籍出版社 1995 年版。
③ 荆门市博物馆:《荆门郭店一号楚墓》,载《文物》1997 年第 7 期。
④ 裘锡圭:《郭店〈老子〉简初探》,载《道家文化研究》第 17 辑,三联书店 1999 年版。

自然不会晚为战国时代的人，而应该生活于春秋末年，与孔子同时。

关于老子故里，学界一说为安徽涡阳，一说为河南鹿邑；孙以楷先生考据认定当在淮河流域。

第二节 《老子》其书

一、《老子》的作者及其成书年代

在 20 世纪二三十年代的老子大讨论中，胡适明确指出："孔子确曾向老子问礼，《老子》书确是老子所作。"[①]胡适的观点可称之为《老子》成书早期说，这是一个符合历史事实的结论。但同时还有许多学者提出了不同的看法，如钱穆认为"《老子》成书于宋钘、公孙龙同时或稍后，作者大概是詹何"[②]；谭戒甫、罗根泽认为《老子》书为太史儋所著；还有一种观点，那就是把老子其人与其书分开来，如冯友兰认为老聃与李耳非一人，《老子》书在孔、墨、孟之后；郭沫若认为"集成《老子》这部语录的是楚人环渊"[③]，等等，这些观点可统称为《老子》成书晚出论。

对于以上各种观点，曾有过很多的讨论，应该说晚出论的观点都被否定了。如詹剑峰《老子其人其书及其道论》一书，就对有关老子其人其书的诸种见解逐一评述，我们认为还是比较有说服力的。例如他引《韩非子·解老》的材料驳詹何绝非《老子》的作者，就很有道理，《解老》中的材料如下：

> 前识者，无缘而妄意度也。何以论之？詹何坐，弟子侍，牛鸣于门外。弟子曰："是黑牛也而白题。"詹何曰："然，是黑牛也，而白在其角。"使人视之，果黑牛而以布裹其角。以詹子之术，婴众人之心，华焉殆矣！故曰："道之华也。"尝试释詹子之察，而使五尺之愚童子视之，亦知其黑牛而以布裹其角也。故以詹子

① 《评论近人考据老子的方法》，《古史辨》第六册，上海古籍出版社 1982 年版。
② 《再论老子成书年代》，《古史辨》第六册，上海古籍出版社 1982 年版。
③ 《老聃·关尹·环渊》，《古史辨》第六册，上海古籍出版社 1982 年版。

之察，苦心伤神，而后与五尺之愚童子同功，是以曰："愚之首也。"

故曰："前识者，道之华也，而愚之首也。"

韩非子以詹何为例，说明他正是老子所说的"愚之首"，由此可知詹何与老子显然是两个人，詹何绝非《老子》的作者。

另外，关于《老子》书的作者是战国中期与秦献公同时的太史儋的说法，詹剑峰也驳之甚详。持该说的代表学者汪中曾列举五条证据以证老聃即太史儋，钱穆誉为卓识，罗根泽等人亦深以为然，以后这一观点流传甚广。但詹剑峰对汪中的证据逐一进行了辩驳，以证明"老子书非太史儋所著"，"自是老聃所作"[①]。另外持太史儋说的学者还有一个重要的证据，那就是《史记》中所记老子的世系，据《老子列传》与《孔子世家》，老子之子为魏将宗，宗的后代假"仕于汉孝文帝"，似乎是七八代，而孔子之后裔当时已十三代了。汪中、罗根泽、梁启超等学者特别强调孔老世系的差距，以证明《老子》书的作者不可能是老聃而只能是战国时期的太史儋。对此，詹剑峰也进行了有力的反驳，其中重要的一点是，司马迁所记"宗子注，注子宫，宫玄孙假"，其中"玄孙"不作子、孙、曾、玄的玄孙理解，而是作"远孙"解，这是有文献可证的，例如《左传》僖公二十八年，"王子虎盟诸侯于王廷，要言曰：'皆奖王室，无相害也，有渝此盟，明神殛之，俾队其师，无克祚国及而玄孙，无有老幼。'"这里的玄孙，显然不是曾、玄的玄孙，而是远孙。再据陈景元在其解老著作《道德真经藏室纂微篇·开题》中引《史记·老子传》这段原文作："宫之远孙假。"可见古本《史记》有作"远孙"者，故陈景元引之如此。由此观之，罗根泽说"玄孙为孙之孙之专称，战国已经成立"，这是无根据的说法，而《老子传》中的玄孙必作远孙，是有充分证据的。这样一来，老子的世系也就不必限于第八代了，问题可迎刃而解[②]。

因此，《老子》书作者就是春秋末年的老聃，这其实是一个本来没有问题的历史事实。一些不同的看法主要是由于特定学术背景下因"疑老"

---

① 詹剑峰：《老子其人其书及其道论》，湖北人民出版社1982年版，第43页。
② 詹剑峰：《老子其人其书及其道论》，湖北人民出版社1982年版，第36页。

而产生，经过近一个世纪的讨论与争议，再加上出土文献的帮助，现在的结论应该是很清楚了。

确定了《老子》书的作者归属以后，还有一个问题，那就是《老子》的成书时间。其实这一问题也比较清楚了，我们这里只是再强调一下。以往关于《老子》成书时间的争论，大致有四派意见：第一派《老子》成书早期说，即认为《老子》一书是老聃所作，老聃确在孔子之先，如胡适；第二派认为《老子》成书于战国中期，如持太史儋说的学者；第三派认为《老子》成书于战国末，如梁启超；第四派认为《老子》成书更晚，在秦汉之间，如顾颉刚等。

现在再来回顾《老子》成书的讨论，凡是持《老子》成书早期说的论证都比较合理，而要否定这一点而持《老子》晚出的结论，则比较困难，如任继愈论述说：

> 我认为《老子》书中如反对仁义、反对法令的一些思想，可能晚出。但老子的天道观（也就是老子哲学的基本部分）是老子本人的思想；贵柔、反对战争和辩证法思想也是老子本人的思想；小国寡民的政治理想也是接近老子本人思想的。①

又如台湾老学专家张杨明的《老子考证》指出：

> 经将历代所疑，一一查考，结果都只是一些不成问题的问题，不必疑虑的疑虑。而证明五千余言《道德经》的所谓可疑的语词，都是散见于六经之中的；所谓可疑的思想，则正是春秋时代的思想；文体既不是什么"晚出的经体"，更不是什么赋体，而正是一方面与《易》之爻辞、《诗》之雅颂为类，一方面与《商书》的《盘庚》、《周书》的《康诰》为类的；其所用韵也是比《诗经》更为宽大的自由韵系；内容更是有组织、有系统、思想一致、脉络一贯的。证明这部《道德经》确是老子本人在春秋末年作成的，太史公的说法大致并没有错。②

---

① 任继愈：《老子新译》，上海古籍出版社1985年版，第10页。
② 张杨明：《老子考证》，台湾黎明文化事业公司1985年版，第288页。

这些观点都是比较有见解的。而从地下文献的情况来看，马王堆帛书《老子》的出土，实际上已推翻了《老子》成书"秦汉说"，但帛书《老子》毕竟出土于汉墓，尚不足以完全动摇《老子》"晚出论"，尤其是其中的"战国中期说"。而郭店竹简《老子》的出土，则为我们进一步澄清《老子》成书年代提供了新的、更有力的证据，诚如有学者所指出的，简本《老子》把"晚出论"的理论基础都抽走了，因此，20世纪初以来关于《老子》成书年代及其真伪问题的聚讼，基本已经是尘埃落定，有了一个比较明确的结论，那就是《老子》成书早期说大致是正确的，而晚出的观点则不能成立[①]。

当然，《老子》书在流传的过程中并不排除有人对其进行编辑和整理，但我们认为《老子》的著作权就是老聃本人。《老子》书完全可以代表春秋时期老子的思想，其成书时间大致在春秋末至战国初年。

二、《老子》的版本

《老子》作为我国古代最重要的哲学著作和道家经典之一，虽然字数不过五千，但由于年代久远，流传广泛，其版本情况却十分复杂。自韩非作《解老》《喻老》以来，历代都有人为之诠疏笺注，阐发玄旨，到元代时，"《道德》八十一章，注者三千余家"[②]，自元以后，重新注释《老子》的人，更难计其数，由此形成了数量极多的注释本。除了注释本以外，还有大量白文本、碑刻本以及几种地下出土的本子。而对于《老子》的各种版本，实际上可分为两大类型，即传世本和地下出土本。下面分别进行介绍。

1. 传世本

《老子》的传世本很多，1927年刊印的王重民所著《老子考》，收录敦煌写本、道观碑本和历代木刻与排印本，共存目450余种；台湾严灵峰编集的《无求备斋老子集成》，初编影印140种，续编影印198种，补编

① 徐洪兴：《疑古与信古——从郭店竹简本 < 老子 > 出土回顾本世纪关于老子其人其书的争论》，《复旦学报》1999 年第 1 期。

② 杜道坚：《道德玄经原旨》。

影印 18 种，总计 356 种，当然，这仅是保留至今的部分老学著作。由熊铁基先生、刘固盛教授主持完成的《老子集成》[①]共 15 卷，1100 万字，收录《老子》战国楚简本、马王堆帛书本、傅奕校定古本、敦煌本、道藏本等重要版本，以及保留至今的从战国至 1949 年中国学者关于《老子》的各种注疏文献共计 265 种，其中有 80 余种是严灵峰所编《无求备斋老子集成》中没有的，包括 50 余种难得一见的孤本或善本，堪称老学文献之集大成。《老子集成》还对每一种本子都进行了规范的标点校勘，便于在社会上流传和推广。

在现存的各种敦煌写本中，有六朝写本残卷及多种唐人写本残卷，包括《老子道德经》五千文本、白文本等；注疏本有《老子河上公章句》《老子想尔注》《老子节解》、顾欢《老子注》、颜师古《玄言新记明老部》、成玄英《老子道德经开题序诀义疏》、李荣《老子注》、无名氏《老子道德经义疏》《唐玄宗老子道德经注》《唐玄宗老子道德经疏》等。另日本存有多种《老子》写本，如奈良圣语藏镰仓旧抄卷子残本、武内义雄所藏室町时代抄本、大阪图书馆藏天文旧钞河上本、泷川君山藏旧钞河上本、京都帝国大学所藏久原文库本，等等。在现存的各种石刻本中，易州龙兴观《道德经》碑、易州龙兴观《御注道德经》幢、邢州龙兴观《道德经》幢、泰州《道德经》幢、楼观台《道德经》碑、甘肃天真观《道德经》幢、遂州《道德经》碑等较为有名。

注疏本除了上述所列敦煌残本外，现存重要的还有：韩非《解老》《喻老》、严遵《道德指归》、王弼《老子注》、陆德明《老子音义》、李约《道德真经新注》、陆希声《道德真经传》、王真《道德经论兵要义述》、杜光庭《道德真经广圣义》、王安石《老子注》（蒙文通辑本）、吕惠卿《道德真经传》、司马光《道德真经论》、苏辙《道德真经注》、陈景元《道德真经藏室纂微篇》、吕知常《道德经讲义》、白玉蟾《道德宝章》、董思靖《道德真经集解》、彭耜《道德真经集注》、林希逸《道德真经口义》、范应元《老子道德经古本集注》、李霖《道德真经取善集》、杜道坚《道德玄经原旨》、李道纯《道德会元》、吴澄《道德真经注》、危大有《道

---

① 熊铁基、陈红星主编：《老子集成》，宗教文化出版社 2011 年版。

德真经集义》、焦竑《老子翼》、薛蕙《老子集解》、释德清《道德经解》、朱得之《老子通义》、王道《老子亿》、陆长庚《老子玄览》、沈一贯《老子通》、王一清《道德经释辞》、周如砥《道德经集义》、王泰徵《檀山道德经颂》、释镇澄《道德经集解》、王夫之《老子衍》、张尔岐《老子说略》、宋常星《道德经讲义》、潘静观《道德经妙门约》、徐大椿《道德经注》、姚鼐《老子章义》、董德宁《道德经本义》、刘一明《道德经会义》、黄裳《道德经讲义》、魏源《老子本义》、严复《老子评点》、马叙伦《老子覈诂》、陈柱《老子集训》、蒋锡昌《老子校诂》、高亨《老子正诂》等。

从版本的来源看，《老子》的传世本虽然众多，但其中最重要的版本主要有四种，即严遵《道德指归》本、《河上公章句》本、王弼《老子注》本及唐傅奕校定古本《老子》①。在《老子》的传世版本系统中，溯本求源，主要就是以上所述四种本子在辗转流传，其中又以王、河二本为盛。王弼注本文笔晓畅，主要流传在文人学者与士大夫阶层；河上公注本通俗简要，主要流行于道流学子与平民百姓之间②。

河上本初载于《隋书·经籍志》，云："《老子道德经》二卷，周柱下史李耳撰，汉文帝时河上公注。"唐代刘知几即疑此书非西汉河上公所作，这是正确的，据王明考证，河上注成书时间应为东汉中叶以后③，这一结论是可信的。朱谦之作《老子校释》，该著指出，河上本与王弼本比较，有六大优点：其一，河上本所用文字较古；其二，河上本于义为优；其三，河上本合韵；其四，河上本与严遵本、景龙碑本、遂州碑本多相合；其五，河上本较王本为早；其六，王本多脱文④。当然也有不同的意见，如高明即以为王弼本优于河上本，他指出，用帛书《老子》甲、乙本进行勘校，则"朱

---

① 因该本乃据北齐后主高纬武平五年（574年）彭城人开项羽妾冢所得本子，故称古本。

② 高明：《帛书老子校注》，中华书局1996年版，第3页。

③ 王明：《道家与道教思想研究》，中国社会科学出版社1984年版，第333页。

④ 朱谦之：《老子校释》，中华书局1984年版，第2~3页。

氏所指王本之劣者，正是它的优点"①。两位学者的观点可谓见仁见智，各有道理。但不管怎样，河上本、王弼本都是《老子》传世本中重要的版本。

在传世本中，除河上本、王弼本以外，我们还要提到另一版本，即范应元《老子道德经古本集注》。范应元的生平事迹不见史籍记载，但据考证得知，范氏乃南宋理宗时期道士，深研老庄之学②。范应元为《老子》作集注，特别强调是以古本为依据的。他说："有变化不可得而测者，在去古愈远，尤虑失真。所以余解此经，一从古本。盖书坊刊行者其稍异处，皆后人臆说，不得老氏之意矣。"③又说："若夫先觉之士固忘筌蹄，而后进之英尚资梯级，是书也不无少补。然惧僭率，弗敢张露。偶因道友来求，难以虆付，复念老矣，将形槁于一丘，惟恐此经浸失古本，遂命工镂板，藏诸名山，以俟来哲。"④可见，范应元对这个古本是相当珍视的，所以直到年老时，他害怕此古本有失传的危险，才愿意公之于世。既然此本在南宋时就号称古本，那它形成的时间便应该早出南宋很远，完全有可能是汉魏六朝旧本或更早的本子，所谓近古必存真，该本必然较多地保存了《老子》原来的面貌。

范应元之集注一切以古本为权衡，同时又广泛征引当时能见到的各种版本，互为参证，辨析同异，但绝不改动古本。这样，我们今天不仅得以见到此古本原貌，而且可以知道南宋时期《老子》版本的流行情况。除古本外，范氏先后引用版本涉及韩非、严遵、刘安、扬雄、司马谈、司马迁、河上公、王弼、杨孚、孙登、马诞、王诪、郭云、阮籍、阮咸、董遇、陈韶、李奇、梁王尚、张嗣、梁帝简文、应吉父、张玄静、张君相、朱桃椎、开元御注、傅奕、李若愚、陈碧虚、苏辙、司马光共三十一家，其中相当一部分如杨孚、马诞、王诪、郭云、阮咸、陈韶、应吉父、李奇、朱桃椎等为书志所未著录，其他《老子》集注亦未提及，吉光片羽，弥足珍贵。

---

① 高明：《帛书老子校注》，中华书局 1996 年版，第 4 页。
② 刘固盛：《范应元＜老子道德经古本集注＞考论》，《历史文献研究》第 21 辑，华中师范大学出版社 2002 年版。
③《老子道德经古本集注·后序》。
④《老子道德经古本集注·后序》。

在注解方面，范氏在引用了韩非、河上公、王弼、韩康伯、郭璞、张冲应、陆德明、傅奕、成玄英、苏辙、司马光、程颐、王雱、朱熹等十四家注文的基础上，再加上自己的解释，这样，我们不仅可以借此研讨范应元的老学思想，而且可以窥见南宋解《老》之时代风气。

当然，范注更重要的文献价值则是体现在对《老子》经文的考证上。自唐宋以后，有关《老子》的各种版本辗转传抄，彼此承讹袭谬，互相篡改，其结果是经文内容同流合一，使得其中错误无法校正。然而，范应元所据古本，则与一般通行的版本有明显的差别。例如范本《老子》的第16章"凡物骃骃"句，"骃"字通行本作"芸"；范本第41章"大白若黦"，"黦"字通行本作"辱"；范本第42章"万物负阴而抱阳，盅气以为和"，"盅"字通行本作"冲"；范本第47章"其知弥尐"，"尐"字通行本作"少"；范本第53章"大道甚徟"，"徟"字通行本作"夷"；范本第58章"其政闵闵，其民偆偆，其政督督，其民缺缺"，通行本作"其政闷闷，其民淳淳。其政察察，其民缺缺"；范本第64章"其脆易判"，"脆"通行本作"脆"，等等。在这些差别之处，范应元都有注解，并说明是"从古本"。显然，与通行本比较，范氏之古本应该是另有来源的。范氏古本与通行本之间的差别，对于我们考订今本《老子》之经文，具有非常重要的意义。下面便从范本经文中择要举例，并结合马王堆帛书本及郭店简本，以说明范本在版本方面的重要价值。

（1）视之不见名曰几。（《老子》第14章）范注曰："'几'字，孙登、王弼同古本。傅奕云：'几者，幽而无象也。'"范氏又说："道无色，视之不可见，故名之曰几。"孙登本已佚，王弼、傅奕本今均作"夷"，由此可知王、傅本亦为后人所改，古本同样作"几"。作"几"应该更近老旨，且与《易》义相合。《易·系》云"极深研几"，又云"知几其神，几者动之微，吉之先见者也"，郑玄注："几，微也。"正与傅说相契。

（2）芴兮芒兮，中有象兮。芒兮芴兮，中有物兮。（《老子》第21章）范注曰："芴音忽，芒，虚往切。于无非无曰芴，于有非有曰芒。"范氏又说："别本作'其中有象，其中有物'，今从古本。谓道为无则非无，以道为有则非有，故曰：'芴兮芒兮，芒兮芴兮。'然而万象由斯而见，万物由斯而出，故曰：'中有象兮，中有物兮。'""芴芒"二字流行本作"惚恍"，可通用。《庄子·至乐篇》："芒乎芴乎，而无从出乎。芴乎芒乎，而无有象乎。"褚伯秀注云："芒芴，读同恍惚。"是其证。"中有象兮""中有物兮"与通行本都不相同，而独与马王堆帛书本相合，帛书乙本作"沕呵望呵，中有象呵。望呵沕呵，中有物呵"。甲本作"□□□呵，中有象呵。望呵沕呵，中有物呵"。由此比较，范氏之古本确实是近古的。

（3）**无名之朴，夫亦将不欲。**（《老子》第37章）"不欲"，王弼本、河上公本、龙兴碑本、景龙碑本及陆希声、苏辙、邵若愚、林希逸等唐宋诸流行本都作"无欲"，惟范应元本作"不欲"。范本正确，"不欲"恰与下句"不欲以静，天下将自正"相联系，验之帛书，甲、乙本亦均作"不欲"。

（4）**吾将以为学父。**（《老子》第42章）范注曰："古本作学父，河上公作教父。按《尚书》'惟教学半'，古本并作'学'字，则'学'宜音'教'，亦教也。义同。'父'，始也。今并从古本。"范注是。河上公、王弼以及唐宋流行诸本均作"教父"，而"学父"更近古义。成玄英《老子义疏》引顾欢注曰："其教学之本父也。"可见顾本作"教"，"学"为"教"省。另《弘明集》释慧通《驳顾道士夷夏论》引《老子》此句并作"学父"。揆之马王堆帛书，甲、乙本均作"吾将以为学父"，与范本正同。

（5）**罪莫大于可欲，祸莫大于不知足，咎莫憯于欲得。**（《老子》第46章）范注曰："憯音惨，痛也。"王弼本无"罪莫"句。"憯"字，顾欢本、敦煌本、唐碑本作"甚"，河上本、王弼本以及其他诸本作"大"。然此句帛书甲、乙本均作"咎莫憯于欲得"，郭店楚简本作"咎莫憯乎谷（欲）得"，可证范本之不误。

（6）**蜂虿虺蛇不螫，猛兽攫鸟不搏。**（《老子》第55章）此句通行本分作三句，王弼本作"蜂虿虺蛇不螫，猛兽不据，攫鸟不搏"。河上本、严遵本及唐宋诸本"蜂虿"俱作"毒虫"，俞樾认为"蜂虿虺蛇不螫"，是"毒虫不螫"的注文。然而马王堆帛书甲本作"逢（蜂）徵螟（虿）地（虺）它（蛇）弗螫，攫鸟猛兽不搏"。乙本作"（蜂）疠（虿）虫（虺）蛇弗赫（螫），据鸟孟（猛）

兽弗捕（搏）"。郭店楚简本作"蟲蚤虫它（蛇）弗蠚，攫鸟猷兽弗哺"。在众多的版本中，《老子》此句实唯范应元所据古本与帛书及楚简相似。

（7）是以早服。（《老子》第59章）范曰："王弼、孙登及世本作'早服'，如《易·复卦》'不远复'之义，亦通。然承上文'事天'处来，'服'字相贯。"尽管范氏认为"早复"亦有道理，但仍然坚持从古本作"早服"。李约、陆希声、宋徽宗、司马光、林希逸、邵若愚等唐宋诸本均作"早复"。朱熹解此句说："能啬则不远而复。"亦认为作"早复"。另王弼及诸唐本"是以"作"是谓"。今验之帛书，甲本损掩，乙本正作"是以早服"。楚简本则为"夫唯啬，是以早；是以早备（服）是胃（谓）……"，显然，"是以早"后脱一"服"字。看来，"早服"宜古，"早复"乃后人所改。

从以上所举的例子来看，在流行诸本互相改动《老子》经文使经文趋同之时，范本却相对保持了本来面貌，与王弼本、河上公本及唐宋流行诸本比较，显示出明显的差别。然而，范本这些与流行本不同的地方，却恰恰能与马王堆帛书本及郭店楚简本相合，这就比较充分地说明，范氏所据之版本确实是一个近古的本子，因此具有较高的文献价值。

2. 地下出土本

《老子》书的版本，除了众多传世本外，在20世纪还出土了三种重要的本子，即帛书甲、乙本和楚简本。此外，2013年公开发布的北大汉简本也值得关注。1973年长沙马王堆汉墓出土的帛书《老子》甲本与乙本，使人们首次得以使用地下材料研究《老子》，这对于订正《老子》今本的章次错乱及文字的衍夺讹倒、对于《老子》一书的复原、畅读和确解都具有极为重要的意义。对于帛书本的文献价值，高明指出："它的珍贵，主要是抄写的时间早。近古必存真，因而较多地保存老子原来的面貌。尤其是同墓出土两个来源不同的古本，不仅可互相印证，而且同时用两个古本一起勘校今本，对订正今本讹误，更有价值。"① 这是一个实事求是的总结。这里仅举一例，如老子认识论方面的重要命题"涤除玄览"，帛书甲、乙

---

① 高明：《帛书老子校注》，中华书局1996年版，第5页。

本均作"修除玄监",按"监"即古"鉴"字,征以《淮南子·修务》:"执玄鉴于心,照物明白。"《太玄·童》:"修其玄鉴。"今本"玄览"显然应依帛书校正为"玄鉴"。帛书本在考订《老子》原文与深研《老子》思想方面的重要价值,在上面的例子中得以具体体现。不过,相对来说,帛书本在有关《老子》文献学研究方面的价值,似乎尤为重要。这一点,郑良树有很好的论述,他说:"在帛书《老子》这方面,因为文字上和今本的差异,与其说它对老子哲学产生新的影响,不如说它对《老子》训诂提供了新的解决资料。""它们对于古代语音、训诂、文字演变及校勘学,将会开导出一条可以预期的新路子。"[1]郑良树的这一认识是建立在他对帛书《老子》较深入研究的基础上的,他据帛书《老子》校勘今本《老子》,得出了六条意见:(1)今本《老子》有衍文;(2)今本《老子》有夺文;(3)今本《老子》有错字;(4)今本《老子》句读有误;(5)帛书可澄清被误解之文字;(6)帛书可解决聚讼多时之文字。由此,帛书《老子》的主要价值也体现出来了。

楚简本是地下出土《老子》的另一重要版本。1993年10月,湖北省荆门市博物馆在郭店一号楚墓中发掘出800余枚竹简,其中有71枚是抄录《老子》的。整理者根据简的形制、长短,把这71枚竹简分为甲、乙、丙三组,甲组简39枚,其内容相当于今本的第十九章、六十六章、四十六章中段和下段、三十章上段和中段、十五章、六十四章下段、三十七章、六十三章、二章、三十二章、二十五章、五章中段、十六章上段、六十四章上段、五十六章、五十七章、五十五章、四十四章、四十章、九章。乙组简18枚,其内容相当于今本第五十九章、四十八章上段、二十章上段、十三章、四十一章、五十二章中段、四十五章、五十四章。丙组简14枚,其内容相当于今本十七章、十八章、三十五章、三十一章中段和下段、六十四章下段。三组简内容基本上无重复,总字数为1741字,相当于今本《老子》的三分之一。这些简连同其他简均已由文物出版社出版。

楚简《老子》比帛书本《老子》更早,郭店一号楚墓的发掘者判断该墓"下

---

① 郑良树:《论帛书本〈老子〉》,《竹简帛书论文集》,中华书局1982年版。

葬年代当在公元前 4 世纪中期至前 3 世纪初"①，故学界指出楚简《老子》比帛书本还要早 100 年左右。楚简《老子》一出土即引起了世界性的关注，而楚简本《老子》的结构如何？它与通行本之间是什么样的关系？这是老学研究者比较关注的一个问题，对此，目前已形成几种不同的观点。一种认为楚简《老子》是一个完整的原始传本。如崔仁义指出，楚简《老子》是《老子》的原始面貌，通行本是在楚简的基础之上形成的②。日本学者池田知久亦认为，郭店《老子》并非后代定型的《老子》五千言中的一部分，可以说它是目前所见最古的《老子》文本③。第二种意见则认为竹简《老子》是节录本，在此之前已经出现一个类似今本的《老子》传本。王博认为，竹简《老子》中甲、乙、丙三组中任何一本都不是《老子》的全本，三者相加也非全本，这三本更像是出自于不同目的的摘抄本，主要理由有二：一是从内容上看，每一本内部都有相对统一的主题，如丙本的主题是治国，乙本是修道，甲本兼而有之，显然，这应该是出于某些人的有意编纂。二是在年代与郭店一号墓相近的一些文献中所引用的老子语句并不见于这三篇中。王博进而指出，在郭店《老子》之前，已经存在着类似于通行本规模与次序的《老子》书④。裘锡圭、陈鼓应等先生赞同此说。高晨阳则更明确地肯定，郭店《老子》不仅是一个选本，而且就是在今本《老子》的基础上经过重新编排而成的⑤。第三种观点虽然从整体上肯定《老子》一书为春秋末期老子的著作，但并不同意把郭店《老子》看作一个底本的摘抄本的看法，而认为《老子》书很可能是逐步完善、发展演变成通行本样式的，其大体规模当在战国早期或稍晚已基本形成，但至战国中期偏晚时其结构可能仍然是松散的，或可称为"《老子》丛书"或"活页文本"。如丁四

① 荆门市博物馆：《荆门郭店一号楚墓》，载《文物》1997 年第 7 期。

② 崔仁义：《郭店楚墓出土的 ＜老子＞ 初探》，《荆门社会科学》1997 年第 5 期。

③ 池田知久：《尚处形成阶段的 ＜老子＞ 最古文本——郭店楚简 ＜老子＞》，《道家文化研究》第 17 辑，三联书店 1999 年版。

④ 王博：《关于郭店楚简〈老子〉的结构与性质——兼论其与通行本〈老子〉的关系》，《道家文化研究》第 17 辑，三联书店 1999 年版。

⑤ 高晨阳：《郭店楚简〈老子〉的真相及其与今本老子的关系——与郭沂先生商讨》，《中国哲学史》1999 年第 3 期。

新所指出的，从《老子》一书的原始形态向郭店竹简本、马王堆帛书本及各通行本的发展，编者们都是在有意识地重新编辑《老子》，使之趋向更为合理化，成为名符其实的一部书。因为《老子》一书经历了一个完善化、合理化的过程，所以就版本的优劣而言，很难说简本《老子》一定优于其后诸本，正如很难说帛书本《老子》一定优于其后各通行本一样[1]。李存山则对上述几种观点进行比较以后指出，就竹简本、帛书本和通行本在语句上的差异而言，通行本与帛书本不同的地方，并不就意味着晚出，而是它有另外的来源，即竹简本也是通行本的来源之一。就现有的三类《老子》版本而言，虽然帛书本早于传世本，但帛书本并不完全具有更接近老子思想的原始形态（或称"祖本"）的优越性；同样，虽然竹简本早于帛书本和传世本，但竹简本也不完全具有更接近老子思想的原始形态的优越性，而且，由于传世本有竹简本（以及推测性的其他简本）和帛书本两个来源，所以传世本并不一定就劣于竹简本或帛书本。这也就是说，就现有的三类《老子》版本而言，它们各有所长，我们若只根据其中的某一类来探讨老子思想的原始形态（或"祖本"），条件并不成熟[2]。关于郭店楚简《老子》情况，虽然学术界并未取得一致的看法，但其巨大的版本价值则是毋庸置疑的。由于郭店楚墓的年代在战国中期偏晚，所以楚简《老子》的出土为我们提供了《老子》在战国时期的重要版本信息。

至于北大汉简本，全名为《北京大学藏西汉竹书[贰]》(《老子》卷)[3]，是继马王堆汉墓帛书《老子》甲本、乙本以及郭店楚墓竹简《老子》之后，被发现的第四个简帛《老子》古本。该本子在结构上与通行 81 章本不同，共分 77 章，字数则有 5300 余字，其残缺部分仅 60 余字，是目前面世的保存最为完整的简帛《老子》古本。

---

① 丁四新：《郭店楚墓竹简思想研究》，东方出版社 2000 年版，第 87 页。
② 李存山：《〈老子〉简、帛本与传世本关系的几个模型》，《中国哲学史》2003 年第 3 期。
③ 上海古籍出版社 2013 年版。

第二章　老子的主要思想

　　老子作为道家学派的创始人，建立起了以"道"为中心的思想学说，但老子的思想，并非凭空虚构，而是在充分吸收和借鉴古代思想的基础上，再创造性地建构了自己的思想理论体系。

第一节　老子思想的文化渊源

一、老子之道与楚文化

　　任继愈先生曾指出："从文化角度看，孔孟代表周鲁文化，老庄代表荆楚文化。"[①]这一观点尽管还存在某些不同看法，但老子思想具有楚文化的思想渊源，这是可以肯定的。据《史记》记载，老子的籍贯是楚苦县厉乡曲仁里，受楚文化熏陶显而易见。张智彦从六个方面论述了老子思想与楚文化的关系：其一，楚国农业文化对老子思想的影响。楚人的祖先祝融部落是擅长刀耕火种的原始农业部族，其中有我国古代最早的天文学家，他们观察天象确定农时。老子对天道深刻认识的基础上所建立起来的宇宙生成论，与楚文化有血肉相连的关系。其二，楚国社会发展道路对老子思想的影响。楚国由弱变强的历史事实，使楚人领悟到了由柔弱转化为刚强的道理，老子在此基础上形成系统的辩证思想。其三，楚国文化发展道路对老子思想成长的影响。楚人有比较开放的文化态度，既吸收华夏文化的长处，又摄取蛮夷文化的优点，由此赋予了楚国哲学博大的胸怀和深刻的

[①] 任继愈：《中国文化的两大思想流派》，载《老子与中华文明》，陕西人民教育出版社 1993 年版。

哲理，这正是老子思想成长的文化背景。其四，楚俗对老子思想的影响。楚人生活于水乡，水的流动、明澈和变化陶冶着他们的情操，故楚国的文学、哲学都带有一种活泼、浪漫、虚无的风貌，那么，老子尚水，以水喻道便绝非偶然。其五，老子思想升华了楚人的审美情趣。楚人热爱自然之美，表现出激越浪漫的审美意识和自由奔放的想象力。而老子对人与自然和谐的追求，正寓含着楚人的审美境界。其六，老子哲学便是楚文化各种因素的提升，它是楚文化的核心[①]。张智彦的上述分析很全面，值得重视。另外，就《老子》与楚文化的关系，李水海曾作《老子道德经楚语考论》[②]，其中的许多考证，可资借鉴，从中引录两条如下：

> 不谷："是以侯王自称孤、寡、不谷。"

> 按："……按《国语》所载，诸侯自称'不谷'，共出现十四次。其中，越王自称'不谷'有五次，吴国君臣称用'不谷'有三次，楚国君臣称用'不谷'凡六次。……而秦、齐、晋、燕、鲁、宋、卫等诸侯，没有称用'不谷'的。……'不谷'实为楚等'夷蛮'之国的方言。"

> 爽："五色使人目盲……五味使人口爽……"

> 按："……《老子》此处之'爽'，乃为楚方言。《楚辞·招魂》云：'厉而不爽些'，王逸注云：'厉，烈也；爽，败也。楚人名羹败曰"爽"。'……是知'爽'为楚语，其义为'败'。"

从上面的材料可以看出，由于老子为楚人，所以《老子》书中的楚语、楚音随处可见，这是楚文化在《老子》中留下的历史印记。刘师培《南北学派不同论》一文提出：

> 楚国之壤，北有江汉，南有潇湘，地为泽国，故老子之学起于其间。从其说者，大抵遗弃尘世，渺视宇宙（如庄、列是也），以自然为主，以谦逊为宗，如接舆、沮溺之避世，许行之并耕，宋玉、

---

① 张智彦：《老子与中国文化》第四章，贵州人民出版社 1996 年版；以及《楚文化与老庄哲学》，《社会科学辑刊》，1990 年第 2 期。
② 李冰海：《老子道德经楚语考论》，陕西人民教育出版社 1990 年版。

屈平之厌世，溯其起源，悉为老聃之支派。此南方之学所由发源
于泽国之地也。①

老子的思想得到了楚文化的滋养，因而呈现出与北方之学不同的特点。

二、《老子》的述古

除了楚文化的思想渊源以外，《老子》实际上是对上古文化的一种全
面、综合的吸收与借鉴，其中的精华，即是所谓的"古之道术"。《老子》
书中的一些内容，便是直接对古代之道术的引述：

古之所谓曲则全者，岂虚言哉？②

古之善为道者，微妙玄通，深不可识。③

古之善为道者，非以明民，将以愚之。④

执古之道，以御今之有。能知古始，是谓道纪。⑤

老子多次提到"古之道"术，这与他曾为"周守藏室之史"的经历有关。
清人严复《老子评点》指出："吾尝谓老子为柱下史，又享高年，故其得道，
全由历史之本。读执古、御今二语，益信。"⑥老子是掌管周朝藏书的史官，
当然对"成败存亡祸福古今之道"十分熟悉，所以在他的书中多次提及。
试看其中的一些具体情况：

用兵有言："吾不敢为主而为客，不敢进寸而退尺。"⑦

故建言有之：明道若昧，进道若退，夷道若类，上德若谷，
大白若辱，广德若不足。……⑧

"用兵有言"是对古代战争经验的引述，"建言有之"列举的是一些名言，
含义十分深刻，而"圣人"的话，老子也有摘引，如：

---

① 《刘师培辛亥前文选》，三联书店 1998 年版，第 371 页。

② 《老子》第 22 章。

③ 《老子》第 15 章。

④ 《老子》第 65 章。

⑤ 《老子》第 14 章。

⑥ 熊铁基、陈红星主编：《老子集成》第十一卷，第 538 页。

⑦ 《老子》第 69 章。

⑧ 《老子》第 41 章。

是以圣人云："受国之垢，是谓社稷主；受国不祥，是谓天下王。"①

故圣人云："我无为而民自化，我好静而民自正，我无事而民自富，我无欲而民自朴。"②

"无为""好静""无事""无欲"等思想，在老子的道家理论体系中占据十分重要的地位，然而，这些思想并非老子独创，而是来自古代的圣人之言。

《老子》思想除继承了古之道术以外，对《易经》《尚书》等古书亦有援引之处。例如老子思想中的核心范畴之一"无"，便与《易》颇有关联。庞朴指出，无字被选定为道家的哲学范畴，有其深远的思想渊源。在甲骨文中，无字是一个舞蹈者形象，无和舞本是一个字，原始舞蹈本是侍奉神灵的一种动作，而神灵是看不到摸不着的，人们通常在舞蹈时想象其存在。以舞事神的工作专门化后，便形成了巫。这些"能事无形以舞降神"的"巫"，在原始人看来，他们与事神的"舞"以及舞所事的"无"，都是混沌一体的。而巫，就是史官，不仅不是虚空或没有，而是主宰万物、支配一切……这样的无，正是道家思想的源头③。孙以楷则进一步指出，道家哲学的基本范畴"无"以及有、无统一的"道"的直接来源是《易经》，不仅巫与事神的舞以及舞所事的"无"是混沌一体的，而且连巫事神所用的八卦，也是混沌一体的。"《易经》作为巫用以事神和探测神意的工具，完全体现了无的原则。老子把无作为其哲学体系的基本范畴，固然是史官（巫）对原始思维定势的升华，但这种升华之所以能够实现，则直接得益于对神无方易无体基本精神的把握。"④

又如《老子》第9章"功遂身退"的思想，则在《尚书》中有反映。《史记·范雎蔡泽列传》记载蔡泽讲述功成身退的道理，便有如下引用："《书》

---

① 《老子》第78章。
② 《老子》第57章。
③ 庞朴：《道家辩证法论纲》，见《稂莠集》，上海人民出版社1988年版。
④ 孙以楷：《道家与中国哲学·先秦卷》，人民出版社2004年版，第60页。

曰：成功之下，不可久处。"老子的思想，当是述古。再如《老子》55 章云："含德之厚，比如赤子。"59 章云："早服谓之重积德，重积德则无不克。"这种"含德""积德"的思想，《尚书》中亦是存在的，如《盘庚》篇曰："惟汝含德，不惕予一人……不乃敢大言，汝有积德。"又如老子贵柔，而《尚书·洪范》中把"柔克"作为"三德"之一。上面诸例，都可看出老子对《尚书》中有关思想的继承与发展。

另外，刘向《说苑·敬慎》篇记载，孔子入周观太庙时曾见到一金人背上之铭文，即《金人铭》，其文如下：

> 古之慎言人也，戒之哉！戒之哉！无多言，多言多败；无多事，多事多患。安乐必介，无行所悔。勿谓何伤，其祸将长；勿谓何害，其祸将大；勿谓何残，其祸将然。勿谓莫闻，天妖伺人。荧荧不灭，炎炎奈何；涓涓不壅，将成江河；绵绵不绝，将成网罗；青青不伐，将寻斧柯。诚不能慎之，祸之根也。口是何伤，祸之门也。强梁者不得其死，好胜者必遇其敌。盗怨主人，民害其贵。君子知天下之不可盖也，鼓后之下之，使人慕之。执雌持下，莫能与之争者。人皆趋彼，我独守此。众人惑惑，我独不徙。内藏我知，不与人论技。我虽尊高，人莫我害。夫江河长百谷者，以其卑下也。天道无亲，常与善人。戒之哉！戒之哉！

詹剑峰、熊铁基、黄钊等学者都认为此铭文可信，那么其刻制的时代，当在孔子入周以前。值得重视的是，《金人铭》中的思想与老子思想有很多类似之处，黄钊主编的《道家思想史纲》从"反对多言的思想""从害中求利的思想""守柔去刚、执雌守下的思想""无多事的思想""天人关系的思想""藏智不露的思想"等十个方面比较了两者之间的共同点，并认为《老子》的许多重要思想，大多可以从《金人铭》中找到原始形态。[①]熊铁基先生则指出："《金人铭》中所表述的许多思想，例如无多言、无多事、守柔去刚、持雌执下，等等，与《老子》的思想是完全一致的。这样，不论此铭文是在老子之前或与老子同时，保守一点看，都可以作为《老子》

---

① 黄钊主编：《道家思想史纲》，湖南师范大学出版社 1991 年版，第 15~18 页。

述古的证据。"①

三、老子思想的史官特色

班固在《汉书·艺文志》中指出："道家者流，盖出于史官，历记成败存亡祸福古今之道，然后知秉要执本，清虚以自守，卑弱以自持，此君人南面之术也。"老子作为周室史官，其思想、思维方式当然具有当时史官的一般特色。例如其辨证思想，便是史官特色的具体表现。这一特点，从现有的史料看，至少在西周末年周室史官史伯和伯阳父的思想中便显露出来了。如史伯提出的"和实生物"的观点：

> 夫和实生物，同则不继。以他平他谓之和，故能丰长而物归之；
> 若以同裨同，尽乃弃矣。故先王以土与金、木、水、火杂，以成百物。
> 是以和五味以调口，刚四支以卫体，和六律以聪耳，正七体以役心，
> 平八索以成人，建九纪以立纯德，合十数以训百体、出千品、具万方、
> 计亿事、材兆物、收经入、行姟极。②

史伯"和实生物，同则不继"的思想，用比较理性的态度提出了矛盾的统一性问题，"以他平他谓之和"，就是一方面或一种元素与另一方面或另一种元素相互配合，求得彼此的均衡与统一。和是百、千、万、亿的多样性的事物产生的基本原因。如果没有这种矛盾的均衡统一，"去和而取同"，那会导致"以同裨同，尽乃弃矣"的局面。显然，史伯的上述思想，已具有朴素的辨证思维特点。

另一个例子是与史伯同时的史官伯阳父用阴阳学说来解释地震现象：

> 幽王二年，西周三川皆震。伯阳甫（父）曰："周将亡矣。
> 天地之气，不失其序，若过其序，民乱之也。阳伏而不能出，阴
> 迫而不能烝，于是有地震。今三川实震，是阳失其所而镇阴也。
> 阳失而在阴，川源必塞，源塞，国必亡。夫水土演而民用也。水

---

① 熊铁基、马良怀、刘韶军：《中国老学史》，福建人民出版社1995年版，第52页。
②《国语·郑语》。

土无所演，民乏财用，不亡何待！"①

伯阳父认为，天地之间充满了阴阳之气，阴阳二气处于矛盾、运动的状态，如果阴阳失调，不仅会天地失"序"，从而引发地震，而且将导致更加严重的后果，那就是民众动乱，国家灭亡。可以看出，与史伯的"和实生物"一样，伯阳父关于阴阳关系的论述，同样是一种朴素的辩证思想，他们共同体现出当时史官的一般思维特色，老子在创建道家学说时，继承并发展了这一特色。

又如，老子思想中最重要的概念"道"的提出，也与他的史官身份相关。一般认为，老子之道是由天道观念转变而来的，而太史之职，负责观测天时，即根据日月星辰变化之规律来指定历法、指导人事等，这种日月星辰变化的规律，当属天道的内容。因此，太史在古代是明天道的官。不过，在老子以前的时代，人们认为日月星辰的运行并不是自然的，而是天神意志的表现。老子身为史官，在创立自己的学说时，剔除了传统天道概念中的神学内涵，用"道"取代了天道，用道来否定天，否定天的至高无上的地位，视道为世界的本原，从而确立了道相对于万物而言的权威地位，确立了道作为人事准则的合理性②。

第二节　老子思想的主要内容

南宋李嘉谋在其《道德真经义解》中说："《老子》五千言，以之求道则道得，以之治国则国治，以之修身则身安。"③这里概括了老子思想的三大主干，即求道、治国、修身，亦即哲学、政治、人生三个方面，以此为出发点，即可把握老子的主要思想。

---

① 《国语·周语》。
② 王博：《老子之道的史官特色》，《道家文化研究》第5辑，上海古籍出版社1994年版。
③ 熊铁基、陈红星主编：《老子集成》第三卷，第626页。

一、老子的哲学思想

老子在中国哲学史上第一次建立起了以"道"为核心的哲学体系，从此，中国才有了成系统的哲学。《老子》全书 81 章，有 37 章直接论道，道字出现 74 次。那么道是什么呢？老子从多方面进行了描述：

> 道可道，非常道，名可名，非常名。无名天地之始，有名万物之母。故常无欲以观其妙，常有欲以观其徼。此两者，同出而异名，同谓之玄。玄之又玄，众妙之门。[1]

> 有物混成，先天地生。寂兮寥兮，独立而不改，周行而不殆，可以为天地母。吾不知其名，强字之曰道，强为之名曰大。大曰逝，逝曰远，远曰反。[2]

> 视之不见，名曰夷；听之不闻，名曰希；搏之不得，名曰微。此三者不可致诘，故混而为一。其上不皦，其下不昧。绳绳兮不可名，复归于无物。是谓无状之状，无物之象，是谓惚恍。迎之不见其首，随之不见其后。[3]

> 道之为物，惟恍惟惚。惚兮恍兮，其中有象；恍兮惚兮，其中有物。窈兮冥兮，其中有精。其精甚真，其中有信。[4]

本来，道字作为一个古汉字在老子以前就已存在，其本义为人所走之路，《诗经·大车》有诗句"周道如砥，其直如矢"，道即为道路之意。《说文》云："道，所行道也。从首走，一达谓之道。"段注："首走，行所达也。"道为人所行，有"遵循"之意，道理、方法、原则等含义即由此引申出来。而从上面的引文中可看出，老子对道又进行了创造性的阐发。老子认为，道先于天地而生，是一种客观存在之"物"，但它又无形无声，不可捉摸，"惟恍惟惚"，是"无状之状，无物之象"；它永远存在，不断运动而不会衰竭，"独立而不改"，"周行而不殆"，道是"玄之又玄"的"众妙之门"。

---

① 《老子》第 1 章。
② 《老子》第 25 章。
③ 《老子》第 14 章。
④ 《老子》第 21 章。

由此可见，在老子那里，"道"已不是一个普通的文字，而是被提升为一个极其重要的哲学范畴，并成为老子哲学的核心，这是老子对中国古代哲学的最突出的贡献。具体来说，老子的道论主要包括道生万物的宇宙论、反者道之动的辩证思维、道法自然的价值追求。

1. 道生万物

在老子的哲学体系里，道首先被视为天地万物之本原，这是《老子》书中反复加以阐述的，如：

> 道冲而用之，或不盈。渊兮似万物宗。①

> 道生之，德畜之，物形之，势成之。是以万物莫不尊道而贵德。

> 道之尊，德之尊，夫莫之命而常自然。故道生之，德畜之，长之育之，亭之毒之，养之覆之。②

道是万物之宗，天地万物、宇宙间的一切，都是由道生育而成的，对于道生万物的过程，老子用极其精辟的语言概括说：

> 道生一，一生二，二生三，三生万物。③

这既是指道创生万物的具体过程，同时又是一种高度的抽象，这里的"一""二""三"并非简单的数字，而是具有丰富的内涵，如《河上公章句》云：

> 道始所生者，一也，一生阴与阳，阴阳生和清浊三气，分为天地人也。

又如宋代学者林希逸注云：

> 一，太极也；二，天地也；三，三才也；言皆自无而生。道者，万物之始也，自然之理也。三极既立，而后万物生焉。④

老子的一、二、三所指为何，历代学者在解释时会产生不同的看法，这是很正常的现象，但道为天地万物之本原，这是大家一致认可，没有任

---

① 《老子》第 4 章。
② 《老子》第 51 章。
③ 《老子》第 42 章。
④ 熊铁基、陈红星主编：《老子集成》第四卷，第 513 页。

何疑问的。

《老子》40章说："天下万物生于有，有生于无。"可见，老子又用"有""无"等范畴来帮助说明道生万物的过程。这一点，王弼注《老》时把握得很好，他说：

> 天下之物，皆以有为生。有之所始，以无为本，将欲全有，必反于无也。①

> 万物万形，其归一也。何由致一？由于无也。②

由于道"视之不见其形"，故以"无"形容，然而它又能产生万物，故又以"有"来指称，道是有与无的统一，而又以无为本。由此可见，有、无等概念在老子哲学体系中亦具有重要的作用，如陈鼓应先生所指出：

> 这里的"无""有"是老子哲学的专有名词，"无""有"似对立，而又相连续的。"无"含藏着无限未显现的生机，"无"乃蕴涵着无限之"有"的。老子用"无""有"的别名，来表示形上的"道"向下落实而产生万物时的一个过程。③

老子之道具有无穷的创造力，"有生于无"的命题则是对这种创造力的哲学概括。

2. 反者道之动

道的另一层含义，当指事物运动变化的规律。道不仅决定天地万物的生成，而且高度概括了宇宙之内一切事物变化发展的规律。如《老子》第2章讲到事物发展的对立统一：

> 天下皆知美之为美，斯恶已；皆知善之为善，斯不善已。有无相生，难易相成，长短相形，高下相盈，音声相和，前后相随，恒也。

通行本无"恒也"两字，据帛书本加。"恒也"两字十分重要，说明事物的存在不是单一的，而是以有无、难易、长短、高下、音声、前后之

---

① 《老子集成》第一卷，第223页。
② 熊铁基、陈红星主编：《老子集成》第一卷，第224页。
③ 陈鼓应：《老子注译及评介》，中华书局1984年版，第6页。

类的形成相对存在,且彼此之间相互依赖,相互转化,这是一个普遍的规律。又如以下的论述:

> 曲则全,枉则之,洼则盈,破则新,少则得,多则惑。是以圣人抱一为天下式。①
>
> 祸兮福之所倚,福兮祸之所伏。孰知其极? 其无正也。正复为奇,善复为妖。人之迷,其日固久。②

这都是讲事物对立转化的规律。在《老子》书中,相互对立的概念非常多,除上面提到的有无、祸福、枉直等以外,又如大小、轻重、雄雌、死生、强弱、刚柔、是非、智愚、治乱等等,以上诸因素的运行变化,都遵循道的法则,一言以括之,即:

> 反者道之动。③

道的作用,使一切事物都向相反的方向变化。这是老子对事物发展变化规律的深刻表述。该一命题表明,宇宙万物的变化,都要走向自己的对立面,这是一个普遍的法则。而且,这种变化是循环往复、永不停息的,因为道"独立而不改,周行而不殆"。如《老子》第16章云:

> 致虚极,守静笃。万物并作,吾以观复。夫物芸芸,各复归其根。归根曰静,静曰复命。复命曰常,知常曰明。不知常,妄作凶。知常容,容乃公,公乃全,全乃天,天乃道,道乃久,没身不殆。

万物的运行,总是要"复归其根",回到其本始状态,这就是道的"周行不殆"。"天乃道,道乃久",道是生生不息的。

老子在阐述规律性的道的过程中,显示出了丰富的辨证思想,这是老子对中国哲学的又一重要贡献。从上面的例子可以看出,老子既强调对立面的互相依存,又强调对立面的互相转化。再看下面的一些论述:

> 将欲歙之,必固张之;将欲弱之,必固强之;将欲废之,必

---

① 《老子》第22章。
② 《老子》第58章。。
③ 《老子》第40章。

固兴之；将欲取之，必固与之，是谓微明。①

　　大成若缺，其用不弊。大盈若冲，其用不穷。大直若屈，大
巧若拙，大辩若讷。②

　　类似的论述还很多，老子突出了物极必反、盛极则衰的道理，主张看
问题不能执于一偏，尤其要注意事物的对立面。

　　老子的辨证思维，还注意到了事物变化中量的积累问题，如：

　　大小多少，报怨以德。图难于其易，为大于其细；天下难事，
必作于易；天下大事，必作于细。③

　　合抱之木，生于毫末；九层之台，起于垒土；千里之行，始
于足下。④

　　合抱的树木由"毫末"长成，老子这种大生于小，多起于少的思想，
说明事物的发展变化需要一个量的积累过程，这无疑是十分正确的。

　　此外，《老子》中还有一句话即"正言若反"，很好地说明了老子辨
证的思维方式。根据"反者道之动"的规律，老子特别重视事物的负面或反面，
老子的思维是一种否定的思维方式。汤一介先生指出，"有物混成，先天
地生""有无相生""道常无为而无不为"这三个基本命题是老子建立其
哲学体系的三种互相联系的方法，而贯穿其中的思维法则是"对否定的重
视"。通过否定来达到肯定，正是老子的思维模式和建立自己哲学体系的
方法。汤先生总结说："老子用'从物求原''从果证因'的方法，提出'有
物混成，先天地生'的命题，建立起他的'道'为世界本原的思想体系；用'找
对应关系'的方法，提出'有无相生'的命题，从而得出'天下万物生于有，
有生无'这一关于宇宙发生论的基本观点，而表达这两种方法的命题，
都包含着对'否定'的意义的肯定。'道常无为而无不为'也许更表现了
老子对否定的重视。这个命题作为方法的公式是：通过否定达到肯定。……

------

① 《老子》第 36 章。
② 《老子》第 45 章。
③ 《老子》第 63 章。
④ 《老子》第 64 章。

老子对作为世界本原的'道'，总的看法是'反者道之动，弱者道之用'，这反映了老子的基本思想是在说明道的否定性或负的作用。"①朱伯崑先生则从深远的传统文化背景出发，高度肯定了老子否定思维的巨大价值。他说，老子看问题，从不循规蹈矩，像孔子那样，以"雅言"为据，以"异端"为非，而且专讲同常识和常规相反的话。老子的这种从反面看问题和追求负面价值的思维方式，可以称之为否定意识，构成了道家学说的主要特征。道家的这种思维方式，是一种更高层次的智慧，比仅从正面或肯定的一面看问题更为深刻，它用"无"的思维来观察和处理人类面临的现实问题，这同数学史上对零和负数的发现一样，在人类理性思维和认识史上是一次大的飞跃；而且，此种思维方式从对现实的肯定转向否定，具有反常识、反常规、反传统、反权威和反世俗的意义，因而对中国传统文化的发展起了重要影响。②

3. 道法自然

如果说，从世界本原、规律及辨证思维的角度可以大致把握道的基本内涵的话，那么，这个本原之"道"，又有一些什么样的具体特征呢？这个问题可能有不同的答案，但有一点应该是肯定的，那就是道的最大特点是"自然"。自然是老子哲学中一个极为重要的概念，体现了老子思想的核心价值。对自然最主要的表述是《老子》第25章：

> 人法地，地法天，天法道，道法自然。

对这几句话的解释，《河上公章句》曰：

> 人当法地安静和柔也，种之得五谷，掘之得甘泉，劳而不怨，有功而不置。天湛泊不动，施之不求报，生长万物，无所收取也。道德清净不言，阴行精气，万物自然生长。道性自然，无所法也。

王弼注云：

> 法谓法则也，人不违地，乃得全安，法地也。地不违天，乃

---

① 汤一介：《论＜道德经＞建立哲学体系的方法》，《哲学研究》1986年第1期。
② 朱伯崑：《道家的思维方式与中国形上学传统》，载《道家文化研究》第2辑，上海古籍出版社1992年版。

得全载，法天也。天不违道，乃得全覆，法道也。道不违自然，乃得其性，（法自然也）。法自然者，在方而法方，在圆而法圆，于自然无所违也。自然者，无称之言，穷极之辞也。用智不及无知，而形魄不及精象，精象不及无形，有仪不及无仪，故转相法也。

道顺自然，天故资焉；天法于道，地故则焉；地法于天，人故象焉。①

河上注较为简要，但也抓住了要害，即"道性自然"，也就是说，道的本性就是自然。由于道的作用，那么宇宙万物及社会人事都应顺着自然的品性去发展。王弼注更为详细，并深得老子思想的要旨："法自然者，在方而法方，在圆而法圆，于自然无所违也。"可见，自然是去掉外界的干扰，任事物顺着自身的状况去发展。自然是"穷极之辞"，除此，没有更好的辞来描述道的特性了。

道性自然，天、地、人最终所取法的都是自然：

希言自然。②

道之尊，德之贵，夫莫之命而常自然。③

悠兮其贵言。功成事遂，百姓皆谓我自然。④

是以圣人欲不欲，不贵难得之货；学不学，复众人之所过，以辅万物之自然而不敢为。⑤

以上所说的自然，都是指一种顺任自然的状态。这些描述，从宇宙、社会、人事各方面表现出了老子之道的具体特点和价值追求。

二、老子的政治思想

老子思想蕴含深刻的政治智慧。班固《汉书·艺文志》视道家为"君人南面之术"，明太祖朱元璋亲自注解《老子》，赞叹说："斯经乃万物

---

① 熊铁基、陈红星主编：《老子集成》第一卷，第217页。
②《老子》第23章。
③《老子》第51章。
④《老子》第17章。
⑤《老子》第64章。

之至根，王者之上师，臣民之极宝。"① 老子的政治智慧内容丰富，主要包括以下几个方面。

1. 无为而治

老子的自然之道，落实到政治层面上，便是"无为"。老子政治思想的核心内容，即是无为而治。"无为"的观念，在老子思想体系中占据着极为重要的地位，如陈鼓应先生所指出的："老子著书立说最大的动机和目的就在于发挥无为的思想。甚至于他的形上学也是基因于无为思想而创设的。"② 老子无为的思想贯穿全书，典型表述如第 57 章：

> 我无为而民自化，我好静而民自正，我无事而民自富，我无欲而民自朴。

"无为"是老子政治思想的总纲，"好静""无事""无欲"都可视作"无为"的内涵，按其本意，即是对事情不加干预，顺任自然，正所谓"圣人……以辅万物之自然而不敢为"。"无为"，是针对"有为"来说的，如：

> 民之饥，以其上食税之多，是以饥；民之难治，以其上之有为，是以难治。③

> 天下多忌讳，而民弥贫；人多利器，国家滋昏；人多伎巧，奇物滋起；法令滋彰，盗贼多有。④

这里的"有为"，实际上就是"妄为"，由于统治者的妄为，使得民众贫困，国家昏乱，以致难以治理了。因此，老子强调，高明的统治者，应该"处无为之事，行不言之教"⑤，"不行而知，不见而名，不为而成"⑥。老子主张清静无为，反对急躁烦扰，所以他认为"治大国，若烹小鲜"⑦。对于此句，王弼解释说：

---

① 熊铁基、陈红星主编：《老子集成》第六卷，第 2 页。
② 陈鼓应：《老子注译及评介》，中华书局 1984 年版，第 33 页。
③《老子》第 75 章。
④《老子》第 57 章。
⑤《老子》第 2 章。
⑥《老子》第 47 章。
⑦《老子》第 60 章。

不扰也。躁则多寒，静则全真。故其国弥大，而其主弥静，然后乃能广得众心矣。①

王弼的理解，可谓把握了老子思想之要旨。

当然，老子倡导的无为，并非消极的无所作为，而是在自然的原则下不妄为，最后的结果则是"无为而无不为"，即如 37 章所示：

道常无为而无不为。侯王若能守之，万物将自化。化而欲作，吾将镇之以无名之朴。无名之朴，夫亦将不欲。不欲以静，天下将自正。

又如第 48 章所云：

为学日益，为道日损。损之又损，以至于无为。无为而无不为。取天下常以无事，及其有事，不足以取天下。

看来，"无为"是一种手段、方法，而"无不为"才是真正的目的，侯王体道，以无为的原则进行治理，"天下将自正"。这里顺便指出，由于帛书甲、乙本第 37 章首句作"道恒无名"，而不是"无为而无不为"，而第 48 章的"无为而无不为"六字，帛书甲本、乙本则全残，故有学者指出，"道恒无名"是老子原文，老子谈"无为"，但不谈"无不为"，如高明即认为："今本'无为而无不为'句，世传本中出现的次数不同而皆有之，已成《老子》中的名言。但在帛书《老子》甲、乙本中，均无此痕迹。帛书《老子》只有'无为而无以为'，而无'无为而无不为'。'无为而无不为'本不出于《老子》，它是汉初黄老学派的产物。"② 高明的观点得到了很多学者的认同。然而，郭店楚简《老子》的出土，证明高明的观点并非确论，如廖名春认为，郑良树、高明据帛书甲、乙本推断王弼本第 37 章"无为而无不为"中"而无不为"四字系衍文，为后人篡改所致，这一看法是正确的，因为竹简《老子》此处亦作"道，恒无为也"。但并不能够由此得出《老子》原本没有"无为而无不为"思想的结论，因为今本《老子》第 48 章"无为而无不为"之文，楚简正作"亡为而亡不为"。可见，从荆门楚简本《老子》

---

① 熊铁基、陈红星主编：《老子集成》第一卷，第 230 页。
② 高明：《帛书老子校注》，中华书局 1996 年版，第 5 页。

看，今本《老子》关于"无为而无不为"的几处记载虽在流传过程中不免有错讹存在，但今本《老子》第48章的"无为而无不为"说肯定是"《老子》原本之旧"。结合楚简本《老子》，再从帛书甲、乙本、严遵《指归》本、《老子》一书的思想体系和思维方式看，否定老子有"无为而无不为"说都是不能成立的[①]。

显然，无为而无不为确是老子的思想，无为是顺其自然发展，无不为则是自然而然地成功了，这就是《老子》第3章所说的："为无为，则无不治。"老子的无为，其对象是在上位者，就君臣来说，就是君无为，臣有为；就上下关系来说，就是上无为，下有为。

这里还要谈到的是老子"小国寡民"的政治理想，《老子》第80章说：

> 小国寡民。使有什伯之器而不用；使民重死而不远徙；虽有
> 舟车，无所乘之，虽有甲兵，无所陈之。使民复结绳而用之。甘其食，
> 美其服，安其居，乐其俗。邻国相望，鸡犬之声相闻，民至老死，
> 不相往来。

此章为老子思想带来许多是非，曾被普遍指责为消极落后、开历史的倒车。现在看来，这种指责显然是片面的。"小国寡民"的理想社会虽然带有对历史的追忆，并且不可能实现，但仍然有其积极的意义。有学者指出，老子的政治理想反映了老子崇古的倾向与对过去公社生活的憧憬，并且，这不是老子一人的独自特点，而几乎是先秦诸子的共同向往[②]。有人认为，"小国寡民"集中体现了老子的各项基本政治原则，是老子用以解决他的时代的迫切问题的总方案。老子试图通过这一方案来消除战乱，为人民提供一种纯朴自然、安全、宁静的生活，这是符合当时人民的要求与愿望的，也是人民所渴望的[③]。还有学者指出，老子的小国寡民构想是一个平等主义的理想社会，没有复杂的社会结构，人和人之间的关系是合作的而非专制的，

---

① 廖名春：《老子"无为而无不为"说新证》，载《中国哲学》第20辑，辽宁教育出版社2000年版。
② 胡曲园：《从〈老子〉说到中国古代社会》，《复旦学报》1987年第1期。
③ 杨鸿儒：《重读老子》，四川人民出版社1997年版，第57页。

每个人都可以通过自己的影响力去影响他人。^①这些看法都有道理。老子通过他的理想设计，希望人民回到一种纯朴和谐的生活中，能够"自化""自正""自富""自朴"，其实这也是《老子》第 65 章"古之善为道者，非以明民，将以愚之"之意。应该指出，这章历来被认为是老子在推行愚民政策，这也是有违老旨的。其实，这里的"愚"并非指愚昧，而是淳朴、质朴是意思，如范应元的解释：

> 将以愚之，使淳朴不散，智诈不生也。所谓"愚之"者，非欺也，
> 但因其自然，不以穿凿私意导之也。^②

范解是非常有道理的，老子所说的"虽有舟车，无所乘之……使民复结绳而用之"，正是"淳朴不散，智诈不生"的具体表现。"因其自然，不以穿凿私意导之"，即是无为而治；无为而治的结果，即是"甘其食，美其服，安其居，乐其俗"。由此可见，老子"小国寡民"的政治理想，与他的无为而治思想是完全一致的。

2. 处下不争

与无为相关的另一主张，那就是提倡"不争"。《老子》第 67 章云：

> 我有三宝，持而保之。一曰慈，二曰俭，三曰不敢为天下先。
> 慈故能勇；俭故能广；不敢为天下先，故能成器长。今舍慈且勇，
> 舍俭且广，舍后且先，死矣。

老子把"不敢为天下先"视为"三宝"之一，可见他对"不先""不争"的重视。老子以水、江海为喻，阐明了"不争"的道理：

> 上善若水。水善利万物而不争，处众人之所恶，故几于道。
> 居善地，心善渊，与善仁，言善信，政善治，事善能，动善时。
> 夫唯不争，故无尤。^③

> 江海之所以能为百谷王者，以其善下之，故能为百谷王。是

① （美）科恩（Livia Kohn）：Daoist Communities in Relation to the Stone Age, 载熊铁基、黄健荣主编：《第三届全真道与老庄学国际学术研讨会论文集》（下册），华中师范大学出版社 2017 年版。
② 熊铁基、陈红星主编：《老子集成》第四卷，第 440 页。
③ 《老子》第 8 章。

以圣人欲上民，必以言下之；欲先民，必以身后之。是以圣人处上而民不重，处前而民不害。是以天下乐推而不厌。以其不争，故天下莫能与之争。①

老子尚水，以水喻道，因为水是不争的，然而"天下莫柔弱于水，而攻坚强者莫之能胜"②，所以老子得出结论，"天之道，不争而善胜"，人效法天之道，故"人之道为而不争"。③

值得注意的是，老子的不争，并非放弃，并非消极退让，而是"夫唯不争，故无尤"，"以其不争，故天下莫能与之争"，可见，不争只是手段、策略，"天下莫能与之争"才是结果，这与无为的思想是一致的，即无为而无不为。

3. 公平公正

《老子》第5章说："天地不仁，以万物为刍狗；圣人不仁，以百姓为刍狗。"天地和宇宙万物按照客观自然的法则运转，道于万物并无好恶喜怒之情。圣人治理天下，也当法自然之理，对百姓一视同仁。

《老子》第77章说："天之道，损有余而补不足。人之道则不然，损不足以奉有余。"老子阐述天道的公平和当时社会上人道的不合理，提醒应该效法天道，以矫正人道的过失，做到合理均衡。

老子还指出："天网恢恢，疏而不失。""天道无亲，常与善人。"强调公平公正，是老子政治思想的重要特点。

三、老子的人生智慧

老子不仅揭示出宇宙万物的存在根源和规律，而且总结了社会发展的普遍法则，由此提出从天道到人道的哲学思考，还洞悉人性的本质，阐发出高明的人生智慧。老子的人生智慧，具体来说，主要有以下几个方面。

1. 上善若水

俄国大文学家托尔斯泰曾指出："做人应该像老子所说的如水一般。"

---

① 《老子》第66章。
② 《老子》第73章。
③ 《老子》第81章。

老子以水喻道，并以此启迪人生。如《老子》第8章所言："上善若水。水善利万物而不争，处众人之所恶，故几于道。居善地，心善渊，与善仁，言善信，正善治，事善能，动善时。夫唯不争，故无尤。"唐玄宗疏解此章时，曾指出"水之三能"："水性甘凉，散洒一切，被其润泽，蒙利则长，故云善利，此一能也。天下柔弱莫过于水，平可取法，清能鉴人，乘流值坎，与之委顺，在人所引，尝不竞争，此二能也。恶居下流，众人恒趣，水则就卑受浊，处恶不辞，此三能也。"①注文阐明了水的三种品性及其作用：其一，水无所不在，滋润万物，一切物类皆赖水的润泽而生长；其二，水以柔弱为品德，不与人争，而是顺随引导，该流则流，当止则止，无所不可；其三，人之品性，好居上位，恶处下流，而水则处下不争，居污不辱。水的品性，正与道的特点类似，所以老子以水喻道。具体来说，就是水之"七善"，即"居善地，心善渊，与善仁，言善信，正善治，事善能，动善时"。结合水的特性来认识此"七善"于人生的启示，可得出以下认识：

（1）生活态度：居善地，心善渊——低调、宁静

"居善地"，苏辙注曰："避高趋下，未尝有所逆，善地也。"②即像水那样选择低处。《老子》第66章说："江海之所以能为百谷王者，以其善下之，故能为百谷王。"江海处下，反而百川汇聚，水的这一特性对人生的启示，就是做人要低调。具体来说有以下三点需要注意：其一，不敢为天下先。不为人先，内敛含蓄，往往能够使自己处于有利的位置，所以《老子》第66章说："是以圣人欲上民，必以言下之。欲先民，必以身后之。是以圣人处上而民不重，处前而民不害。"其二，光而不耀。当一个人取得了成功，不可得意忘形，而应该保持成功后的清醒与自觉，不自居其功，如《老子》第2章言："生而不有，为而不恃，功成而不居。"如果居功自傲，过于炫耀，容易引起他人的妒忌，导致不必要的阻碍。因此，大智若愚不失为一种高明的人生策略。如孔子过周问礼于老子，老子对他说："吾闻

---

① 熊铁基、陈红星主编：《老子集成》第一卷，第456页。
② 熊铁基、陈红星主编：《老子集成》第三卷，第4页。

之，良贾深藏若虚，君子盛德，容貌若愚。"① 其三，去掉自我。《老子》第22章言："不自见故明；不自是故彰；不自伐故有功；不自矜故长。"意思是说，不自我标榜，所以能够明察；不自以为是，所以能够彰明；不自我夸耀，所以有功劳；不自高自大，所以能够长久。这也如庄子所讲的："行贤而去自贤之心，安往而不爱哉！"②

"心善渊"，唐玄宗疏解云："至人之心，善于安静，如水之性，湛尔泉渟。水静则清明，心闲则了悟。渊，深静也，故云心善渊。"③ 即像水那样深沉平静，引申为人生的启示，就是要保持宁静闲适的心境。老子认为，治国要清静，个人修养亦需清静。《老子》第16章说："夫物芸芸，各复归其根。归根曰静，静曰复命。"可见，生命的源头，是以虚静为根基的，只有恢复到生命的本真状态，即虚静的境界，才与常道相合。如果真的能够"致虚极，守静笃"，那肯定能够与道合真，从而"长生久视"了。

（2）处世哲学：与善仁，言善信——慈爱、诚信

"与善仁"，苏辙注曰："利泽万物，施而不求报，善仁也。"④ 像水那样润泽万物而不求回报，引申为人生的启示，就是与人相处要有慈爱精神。就这一点来说，儒道思想具有一致性。通行本《老子》第19章说："绝圣弃智，民利百倍；绝仁弃义，民复孝慈；绝巧弃利，盗贼无有。"很多老子研究者据此以为老子是反对仁义的，但郭店竹简本《老子》此章的文字为："绝智弃辨，民利百倍；绝巧弃利，盗贼无有；绝伪弃诈，民复孝慈。"⑤由此看来，"绝仁弃义"句当为后人所加，老子原本没有这样的意思。而老子主张的"三宝"，首提"慈"，即慈爱之意，待人要慈爱，是儒道共同的思想。

"言善信"，王安石注云："万折必东也。"⑥ 苏辙注云："圆必旋，

---

① 《史记·老庄申韩列传》。

② 《庄子·山木》。

③ 熊铁基、陈红星主编：《老子集成》第一卷，第456页。

④ 熊铁基、陈红星主编：《老子集成》第三卷，第4页。

⑤ 丁四新：《郭店楚竹书＜老子＞校注》，武汉大学出版社2010年版，第3页。

⑥ 熊铁基、陈红星主编：《老子集成》第五卷，第316页。

方必折，塞必止，决必流，善信也。"①像水那样信实坚决，万折必东，引申为人生的启示，就是做人要讲求诚信。《老子》第81章说："信言不美，美言不信。"所以要善于鉴别，以诚信为上。

（3）做事原则：政善治，事善能，动善时——灵活、高效

"政善治"，河上注言："无有不洗，清且平也。"②苏辙注曰："洗涤群秽，平准高下，善治也。"③水有洗涤群秽的特性，为政当如水般清明公平。"事善能"，牛妙传注云："谓水之为用，柔而能刚，弱而能强，霈泽群生，霶濡九有，周流天地，贯穿坚刚，转陆为沉，钻崖透石，移高作下，汰浊留清，乾坤资运载之功，动植荷润渥之赐。故云事善能也。"④水有滴水穿石、无所不能的力量，做事当如水那样持之以恒、富有成效。"动善时"，河上注云："夏散冬凝，应期而动，不失天时也。"⑤苏辙注云："冬凝春泮，涸溢不失节，善时也。"⑥水性冬凝春泮，遇事当如水那样不失时机。水的这些特性，引申为人生的做事原则，就是要高效灵活，具体来说，表现为以下三点：其一，以柔克刚。《老子》第43章说："天下之至柔，驰骋天下之至坚。"第78章说："天下莫柔弱于水，而攻坚强者莫之能胜。以其无以易之。弱之胜强。柔之胜刚，天下莫不知，莫能行。"老子指出，以柔克刚的道理，大家都懂，可是却不能付诸行动。也许只有真正透彻理解老子思想、具有大智慧的人才可以做到。其二，掌握规律。水的特性反映的是道的特性，按照水的特性去做事，需要把握其中的规律。《老子》第63章说："图难于其易，为大于其细。天下难事，必作于易；天下大事，必作于细。"讲的就是要按照事物发展的内在规律处理问题。其三，见机行事。水该流则流，当止则止，因物赋形，随时变化，具有极大的灵活性。因此，面对人生的各种选择，应该灵活而不失原则，有为而顺其自然。《老

① 熊铁基、陈红星主编：《老子集成》第三卷，第4页。
② 熊铁基、陈红星主编：《老子集成》第一卷，第141页。
③ 熊铁基、陈红星主编：《老子集成》第三卷，第4页。
④ 熊铁基、陈红星主编：《老子集成》第五卷，第327~328页。
⑤ 熊铁基、陈红星主编：《老子集成》第一卷，第141页。
⑥ 熊铁基、陈红星主编：《老子集成》第三卷，第4页。

子》第9章说："功遂身退，天之道。"进取时需要把握机会，成功后要知道急流勇退，正所谓"知止不殆"，方为大智。

2. 身重于物

老子的人生智慧，还体现在对生命价值的重视上。《老子》第44章曰："名与身孰亲？身与货孰多？得与亡孰病？甚爱必大费，多藏必厚亡。"名利与生命比较起来，孰轻孰重呢？如果要在名利与生命之间作一选择，又该怎样权衡呢？答案不言自明，生命为重。对生命的珍视是老子的重要思想，老子之道，是宇宙的根本之道，也是治国之道，亦是"深根固柢、长生久视之道"。

老子思想中充满了对生命的关怀。《老子》第25章云："故道大，天大，地大，人亦大。域中有四大，而人居其一焉。"人为万物之灵，故可以与道、天、地并为宇宙中的"四大"，这是老子对人之价值的弘扬。该章"人亦大"，郭店楚简本与马王堆帛书本均作"王亦大"，王弼本、河上本也均作"王亦大"，看来"人"字是后人所改，但纵使如此，这一改动也是有原因的。试看王弼的解释：

> 天地之性人为贵，而王是人之主也。虽不职大，亦复为大。
> 与三匹，故曰王亦大也。[1]

王弼认为，"王亦大"的意思，主要在于阐明人为天地之间最尊贵者。南宋范应元《老子道德经古本集注》中，"王亦大"作"人亦大"，并解释说：

> 人字，傅奕同古本，河上公本作王。观河上公之意，以为王者人中之尊，固有尊君之义。然按后文人法地，则古本文义相贯，况人为万物之最灵，与天地并立而为三才，身任斯道，则人实亦大矣。[2]

范应元主张作"人亦大"，唐代的傅奕古本也作"人亦大"，又据陈柱的考证："《说文·大部》'大下'云：'天大、地大、人亦大焉，象人形。'

---

① 熊铁基、陈红星主编：《老子集成》第一卷，第217页。
② 熊铁基、陈红星主编：《老子集成》第四卷，第413页。

是许君所见作'人亦大'也。"①由此可见，《老子》原本此句应是"王亦大"，但汉代已经有人将"王"改成了"人"，唐宋时期"人亦大"的观点更加多起来了。其中范应元的看法颇有代表性，那就是人为方物之中最具灵性者，躬身体道，故足可为宇宙间与天、地、道并立的"四大"之一。可以说，后人对《老子》文本的这一改动，使老子重视人的思想更加突出，因此，"人亦大"的改动，非但没有否定老子的原旨，相反离老子思想的本义更接近了。

对于人的重视，《老子》第 27 章也有阐述："善行无辙迹；善言无瑕谪；善数不用筹策；善闭无关楗而不可开；善结无绳约而不可解。是以圣人常善救人，故无弃人；常善救物，故无弃物。"此章王弼注曰：

> 顺自然而行，不造不始，故物得至而无辙迹也。顺物之性，不别不析，故无瑕谪可得其门也。因物之数，不假形也。因物自然，不设不施，故不用关楗绳约而不可开解也。此五者皆言不造不施，因物之性，不以形制物也。圣人不立形名，以检于物，不造进向以殊弃不肖，辅万物之自然而不为始，故曰无弃人也。②

王弼强调了因循、顺物之性的重要，圣人体道，辅万物之自然，对人来说，尽管其才能有高下之分，但能够做到各遂其性，而无弃人。

在道家看来，世界上没有比人的生命更为宝贵的东西，生命的价值是至高无上的。《庄子·让王》篇有以下记载："子华子曰：'今使天下书铭于君前，书之曰：左手攫之则右手废，右手攫之则左手废。然而攫之者必有天下。君能攫之乎？'昭僖侯曰：'寡人不攫之也。'子华子曰：'甚善！自是观之，两臂重于天下也，身亦重于两臂。'"天下尚且轻于两臂，何况是整个生命呢？难怪杨朱发出了"不以天下大利易其胫一毛"的呼声。杨朱之贵生，虽然近乎极端，但其大旨仍在于"全性保真，不以物累形"③。《吕氏春秋》专门有《贵生》篇，阐发生命的意义，并指出："圣人深虑天下，莫贵于生。"

---

① 熊铁基、陈红星主编：《老子集成》第十四卷，第 177 页。
② 熊铁基、陈红星主编：《老子集成》第一卷，第 217 页。
③《淮南子·氾论》。

道教的重要经典《太平经》更是反复论及生命的至高价值，如曰："故理之第一善者，莫若乐生。"① "人最善者，莫若常欲乐生，汲汲若渴，乃后可也。"② "天地之性，万二千物，人命最重。"③

《太平经》还指出，每个人的生命只有一次，一旦失去，不可再生："人居天地之间，从天地开辟以来，人人各有一生，不得再生也。自有名字为人。人者，乃中和凡物之长也，而尊且贵，与天地相似；今一死，乃终古穷天毕地，不得复见自名为人也，不复起行也。"④ 生命的尊贵可以比如天地，失去生命，意味着所有一切的消失，不复"自名为人"。正因为生命具有至上的价值，所以我们应该珍惜生命，敬畏生命。

3. 以德报怨

在如何解除矛盾、化解怨愤上，老子主张"报怨以德"⑤。《老子》第79章指出："和大怨，必有余怨，安可以为善？"什么是"和大怨"呢？河上注云："杀人者死，伤人者刑，以相和报也。"这一解释是可取的。当然，在老子看来，这种"和报"怨愤的方式，必然损害人情，留下余怨，因而不可为善，所以不是解决问题的最好方式。老子认为，处理怨愤的最好方法是以德报怨，这也是一个人的最高思想境界了，亦即"善者吾善之，不善者吾亦善之"⑥。

老子的以德报怨思想，确乃显示出了道家的宽阔胸怀和超越精神，至少包含以下几个要点：

其一，以德报怨是一种人生的理想境界，即道的境界。从道的层面来看，以德报怨即是道的体现，乃为大善。其二，以德报怨，重视感化。如南朝顾欢强调，体道的过程就是一个无为而化的过程，实际上是一个为善去恶的过程，所以他说：

---

① 王明：《太平经合校》，中华书局1960年版，第704页。
② 王明：《太平经合校》，中华书局1960年版，第80页。
③ 王明：《太平经合校》，中华书局1960年版，第34页。
④ 王明：《太平经合校》，中华书局1960年版，第340页。
⑤《老子》第63章。
⑥《老子》第49章。

自然无情，以与善为常，司契之人，是道之所与也。然则此经所明，是自然之道，可以与善，不可示恶也。问曰：盖闻常善救人，则善恶无弃，天道普慈，无物不育。善者已善，何须此与？恶者宜化，何为不示耶？答曰：道教真实，言无华绮。上士闻道，勤而行之，下士闻道，大而笑之。闻而勤行，以成其德，闻而大笑，只增其罪。故以道与善，成人之美也；不以示恶，不成人之恶也。[①]

天道以与善为常，成人之美，不成人之恶，这是老学之要义，也是道教的宗旨。落实为人道，就是劝善与宽容。其三，以德报怨，直在其中。相对于孔子的"以直报怨"来说，要做到"以德报怨"当然更加困难。需要注意的是，以德报怨包含了"直"的原则，也就是说，如果没有了公直，又哪来德义呢？所以"以德报怨"并不是不分是非，丧失正义公平，而与"以直报怨"相比，显得更加深远。

---

① 熊铁基、陈红星主编：《老子集成》第一卷，第 246 页。

第三章　老子思想的历史地位与影响

英国科技史家李约瑟博士曾说："中国如果没有道家，就像大树没有根一样。"[1] 用根来比喻道家在中国思想文化史上的历史地位，这是相当深刻而有见地的。老子作为道家学派的创始人，其思想学说在中国历史上产生了极其深远的影响。

第一节　老子与中国哲学

老子在中国思想史上是第一个提出作为哲学范畴的"道"的人。对于老子的历史地位，詹剑峰指出：

> 总而言之，老子是中国第一个哲学家。他的哲学体系在中国古代哲学史中是伟大的。不仅在中国古代，就是列在世界古代哲学史里也是伟大的。但是他的哲学亦非绝无依傍的，他是吸收先民中唯物的、辩证的思想，创造性地组成了一个精密的体系。老子之道术，对他以后之思想界，影响至巨。以其承先，故能启后，以其承先之厚，故其启后乃深。一句话，他是承先启后的伟大哲学家。[2]

我们认为，对老子的上述评价是合理的。在老子以前，中国思想的发展主要表现在政治与人生的范围，而没有真正进入哲学的领域，老子提出

---

[1] （英）李约瑟著，陈立夫译：《中国古代科学思想史》，江西人民出版社1990年版，第198页。

[2] 詹剑峰：《老子其人其书及其道论》，湖北人民出版社1982年版，第173页。

了作为宇宙本原的哲学范畴"道"，并通过有、无、动、静、有名、无名等系列概念及"有无相生""反者道之动"等系列命题，建立起了较为系统的理论体系，从而使中国哲学思想的发展产生了质的飞跃，因此，"老子是中国当之无愧的哲学之父"[①]。同时，老子用"道"代替了"以天为宗"的世界观。道在老子哲学中是一个最高的范畴，代表了宇宙万物产生的本原及变化的规律。道居于天之前，"吾不知谁之子，象帝之先"[②]，这样，老子用道取代了作为世界创造者的"上帝""天命""鬼神"，这是人类思想史上的重大进步。自此以后，道家成为中国哲学的主体之一，对中华文化的传承和中国文化精神的塑造都有着重大的贡献。

一、老庄道家

老子思想深刻影响到庄子，司马迁明确指出，庄子"其学无所不窥，然其要本归于老子之言……以明老子之术"[③]，庄子思想是对老子思想的继承与发展。庄子是先秦道家学派很关键的思想家，自汉代以来，便老庄连称，反映出他与老子的密切关系以及在道家学派中的重要地位。郭沫若认为"庄子这一派或许可以称为纯粹的道家……在事实上成为了道家的马鸣、龙树"[④]，可见庄子在道家学说的发展中起了十分突出的作用。

《庄子》作为《老子》以后的又一部重要的道家哲学经典，不但有着深刻的哲学思想，而且蕴涵巨大的艺术感染力，诚如林希逸所言："盖庄子之书，非特言理微妙，而其文独精绝，所以度越诸子。"[⑤]《庄子》这种文学与哲理的互相融合，乃得益于它的"三言"笔法，即寓言、重言、卮言。因此，"三言"是理解《庄子》思想学术的一个关键。"三言"作为《庄子》的独特笔法，它们相互统一，密不可分。如果说寓言、重言是庄子作品的"形"，

---

① 王卡：《老子与中国哲学的突破》，《中国本土宗教研究》第一辑，社会科学文献出版社 2018 年版。

②《老子》第 4 章。

③《史记·老庄申韩列传》。

④ 郭沫若：《十批判书》，东方出版社 1996 年版，第 206 页。

⑤ 林希逸：《南华真经口义·发题》。

那么卮言则可视之为"神","寓言十九""重言十七",它们所见篇幅很大，而卮言将两者贯穿起来，使《庄子》成为一个有机整体，其诗性的语言、丰富的想象、开阔的意境和深邃的思想结合得天衣无缝，由此构成了《庄子》独有的表达方式。明代《庄子》研究者罗勉道曾说："《庄子》为书，虽恢恑谲怪，佚宕于六经外，譬犹天地日月，固有常经常道，而风云开阖，神鬼变幻，要自不可阙。古今文士，每每奇之。"①正是"三言"使《庄子》"风云无阖，神鬼变幻"，从而具有了博大精深的思想学术体系，以致"其所以不经而为百家之冠"②。

在思想上，庄子继承了老子的道论，以道为"大宗师"，为宇宙万物的根源，并突出了道的"自然特性"。在阐述道生万物的宇宙论时，庄子特别强调了"气"，这是庄子对老子道论的发挥。《庄子》书中，气的存在形态很多，属于自然方面的有"天气""地气""六气""云气""春气"等；属于人方面的，有"人气""血气""志气""神气"等③。根据各种气的变化，庄子得出了"通天下一气耳"④的重要结论。庄子对气的强调，丰富了道家的宇宙论。

与老子思想相比，庄子在人生哲学上有重要的发挥和创建。如陈鼓应先生指出："庄子借《逍遥游》表达一个独特的人生态度，树立了一个新颖的价值位准，人的活动从自我中心的局限性中超拔出来，从宇宙的巨视中去把握人的存在，从宇宙的规模中展现人生意义。"⑤人生哲学可称为庄子思想的核心，其要点即在于摆脱物累，追求精神的自由。徐复观认为："庄子的主要思想，将老子的客观的道，内在化而为人生的境界。"⑥郑开指出，"逍遥代表了庄子哲学的核心内容和基本特征"，"《庄子》'逍遥游'的理论本质就是'精神高于物外'，也可以说《逍遥游》

---

① 罗勉道：《南华真经循本·释题》。

② 郭象：《南华真经注·序》。

③ 崔大华：《庄学研究》，人民出版社 1992 年版，第 107 页。

④ 《庄子·知北游》。

⑤ 陈鼓应：《老庄新论》，上海古籍出版社 1992 年版，第 123 页。

⑥ 徐复观：《中国人性论史》，台湾商务印书馆 1990 年版，第 389 页。

隐含了古代哲学的自由理论。"① 从境界、自由的角度来理解庄子的人生哲学，非常契合庄子的思想旨趣。对人生境界的领悟，对精神自由的追求，这是自古至今庄子总是那样持续地影响中国人的精神世界的重要原因。而庄子思想有如此巨大而深远的影响力，则与其哲学上的超越性密切相关，内在超越、外在超越、终极超越三个方面代表了庄子人生哲学的主要内容。

内在超越主要针对人性与心灵的异化而言。在庄子看来，由于自我的偏见、社会关系的强化、物欲的刺激等一系列原因，人的本性被异化了。针对这一问题，庄子提出了解决的方法，那就是摆脱外在的一切桎梏，重新返回原来的纯真本性，获得精神上的自由。内在超越需要摆脱自我的约束与局限，为此，庄子提出了心斋与坐忘的修养方法。内在超越还需要培养内在的德性，只有内德深厚的人，方能打破自身的局限，超越自我，达到精神自由的境界。外在超越针对复杂的社会而言。李泽厚认为，庄子所追求的最高理想是一种精神的理想人格，就实质说，庄子哲学即是美学，庄子"道是无情却有情，外表上讲了许多超脱、冷酷的话，实际里却深深地透露出对人生、生命、感性的眷恋和爱护。这正是庄子的特色之一：他似乎看透了人生和生死，但终于并没有舍弃和否定它"②。这是有得之见。崔大华也指出，庄子具有超世、遁世、顺世三种人生态度，"当遨游在想象和理想里的庄子走进现实，他又主张和表现为与世周旋的顺世态度"③。庄子人生哲学的外在超越主要体现在其非但没有脱离社会现实，相反具有很高的应世智慧，即如《庄子·天下》言："独与天地精神往来而不敖倪于万物，不谴是非，以与世俗处。"终极超越针对生命的有限性而言。生命苦短，人能否超越生命的有限性而获得无限的自由？对此，庄子作出了肯定的回答。庄子的终极超越思想，是建立在他的独特认识论即"齐物"之基础上的。在庄子看来，宇宙万物包括人类，都是由气构成的，万物的消长，人的生死，都是气的聚散而已。因此，人的生命的丧失，并没有归

---

① 郑开：《庄子哲学讲记》，广西人民出版社 2016 年版，第 226、228 页。
② 李泽厚：《中国古代思想史论》，安徽文艺出版社 1994 年版，第 189 页。
③ 崔大华：《庄学研究》，人民出版社 1992 年版，第 190 页。

于虚无寂灭，而是在自然大化中开始了另一种形式的新生。可见，人的生死变化和万物的变化一样，都是自然的过程，因而不必怀有过多的惊恐和忧虑。庄子"齐生死"的哲学，能使人达观地面对生命的有限性。

内在超越、外在超越、终极超越，从不同的层面体现出庄子人生哲学的超越精神。在道的指引下，庄子既强调追求精神的自由，又立足于现实世界，同时主张回归生命的本原——自然，由此获得生命的圆满与超越。庄子的人生哲学充分体现出道家生命关怀的特质，庄子思想为中国人的精神世界开辟出了一片广阔的天地，庄学的魅力是持久而常新的。《淮南子·原道》云："大丈夫恬然无思，澹然无虑，以天为盖，以地为舆，四时为马，阴阳为御，乘云陵霄，与造化者俱。纵志舒节，以驰大区……是故疾而不摇，远而不劳，四支不动，聪明不损，而知八纮九野之形埒者，何也？执道要之柄，而游于无穷之地。"这是庄子精神的真实写照。

二、老学对中国哲学发展的影响

老学作为诠释《老子》、发挥老子思想的专门之学，在中国思想文化史上占据着十分重要的历史地位，与中国哲学的关系尤为密切。老学发展的一个共同规律是不同时代有不同的"老子"，也就是说，每个时代的学者可以根据政治、道德、思想领域的时代变化，不断地对《老子》作出新的解释。以对《老子》哲学思想的解释为例，中国哲学史上的许多突破都是借助于老学而实现的。例如王弼注《老》，突出了"以无为本"的哲学思想。他注第40章"天下万物生于有，有生于无"云："天下之物，皆以有为生。有之所始，以无为本。"他又注第42章"道生一"句说："万物万形，其归一也。何由致一？由于无也。"王弼正是通过《老子》注建立起了他的玄学思想体系。到唐代时，老学研究者对《老子》本体论的探索又进入一个新的阶段，其标志便是重玄学的出现。重玄学是成玄英、李荣、杜光庭等一批道教学者在注释《老子》等经典时得以发展的，其建立和发展，乃援佛入老、佛道相激的结果。不过，重玄学之所以能够在唐代蓬勃发展，除了佛教对老学影响增加的原因以外，亦有解《老》学者自身的因素，即唐代的《老子》研究者们对王弼等人建立的玄学体系已感到不满，认为"魏晋英儒，滞玄通于有无之际"①，他们觉得魏晋清谈尚未穷尽《老子》一书的微言大旨，玄学本体论乃"滞于有无之际"，因而显得不够抽象和超越，还没有达到本体思维的最高层面。因此，重玄学的旨趣，首先要破的就是玄学家的"双执"，既不滞于有，又不滞于无，亦不滞于非有非无。重玄之学，正是通过否定之否定的方法，从而使本体论达到了更加抽象的哲学高度。宋代以后，心性之学作为一个时代课题而为儒、道、释三家共同讨论。因此，此一时期有关《老子》哲学思想的解释出现了新的突破，心性学成为《老子》哲学思想解释的重心。以心性解《老》，是宋代以后老学发展中一个十分普遍的现象，儒、道、释学者莫不为之。例如苏辙在《老子解》中提出了"道之大，复性而足"的观点，将"性"与老子之道等同起来；邵若愚的《道德真经直解》认为"心常无欲者，乃众妙之门"，《老子》之真谛在于教人"无心""无欲"；范应元《老子道德经古本集注》则直接把老子之道解为"本心"，认为自然本心，合乎天道；白玉蟾的《道德宝章》更是将老子思想解释成了一套系统的道教心性超越理论，等等。心性理论的创发，充分反映了宋元老学发展的时代特色②。

综上所述，我们可以看出，在老学发展史上，王弼注释《老子》阐发玄学宗旨，建立起了宇宙本体论的哲学新体系，这是对《老子》哲学思想解释的第一次重要发展；唐代成玄英等人借《老子》以明重玄之趣，丰富和发展了玄学的内涵，这可以看作对《老子》哲学思想解释的第二次重要突破；而从唐代的重玄本体到宋元时期心性理论的演进，则可视为《老子》哲学思想解释的第三次重要转变。老子哲学思想解释的这三次突破，不仅是中国老学史的中心内容之一，而且构成了中国哲学特别是道家哲学发展史上的一条重要线索。

老学对理学形成的影响是中国哲学史上的另一重要问题。宋代老学作

---

① 《老子集成》第一卷，第349页。

② 熊铁基、陈红星主编：《宋元老学研究》（巴蜀书社2001年版）第二章的相关论述。

为宋代道家的主要学术形态，不仅在当时的学术史上占有一席之地，在思想史上的影响也是不可忽视的，而宋代老学对理学的影响是其中突出的方面。《宋史》专设《道学传》，道学指理学，这并非是后来史家随意称之，而是张载、二程、朱熹等理学家在他们所处的时代即自称其学为道学。宋代以前，道学本指道家之学，宋代理学家却以之自指而并不觉得有道家的嫌疑，姜广辉教授认为"完全是从另一思路得来，至于与道家曾使用的'道学'名称相同，只是巧合"①。道学之名当然反映出理学形成时与道家有别的"另一思路"，其中也确实可能存在巧合的成分，但仍然可以看出当时道家之学应该是十分盛行的，同时还反映出理学家对道家的认同以及理学与道家的深刻关联，正如侯外庐等先生所指出的，二程所讲的"道"范畴"通向老庄以至道教"②。

宋代老学对理学形成所起的重要作用，可以追溯到唐代的重玄学。重玄学是唐代老学的核心内容，其中所阐发的"虚通妙理""众生正性""孔老之术不为二"等思想，都可视为理学的思想资源。到宋代，陈抟学派的老学思想对理学的形成具有特殊意义。陈抟学派是唐宋学术传承转换的关键环节，该学派的老学继承了唐代重玄之旨，特别是陈抟再传弟子陈景元的老学思想对二程理学的形成具有直接的影响。陈景元"以重玄为宗"诠释《老子》，并对"理""天理"概念进行了哲学提升，使之成为可以与道等同的哲学范畴；把气论引入人性论的领域，以禀气之清浊来解释人性的善恶；提出"性分不越则天理自全"的命题，等等，这些思想成为了二程理学之天理论、人性论、道德论的重要理论来源③。此外，新学、蜀学、朔学三派的代表人物对《老子》都有深入的研究，都有《老子注》传世。尽管三派学者政治主张存在分歧，但学术上却有很大的相通之处，即共同关注儒家性命之学的重建，这一点也在他们各自的老学思想中得以体现。

---

① 姜广辉：《宋代道学定名缘起》，载《中国哲学》第 15 辑，岳麓书社 1992 年版，第 241 页。

② 侯外庐主编：《中国思想通史》，第四卷上，人民出版社 1959 年版，第 576 页。

③ 关于这一问题，拙文《陈景元老庄学思想对二程理学的影响》（载《道家文化研究》第 26 辑，三联书店 2012 年版）、《二程人性论的道家思想渊源》（《华中师范大学学报》2005 年第 2 期）有较为详细的论述。

如司马光所论之"诚"、王安石所论之"理"、苏辙所论之"复性",反映出他们在儒学复兴过程中所进行的理论探索。他们的这些思考,既是时代精神在老学发展中的真实呈现,也为二程理学的建构提供了可以借鉴的思想资源①。

到了近代,老学的特点之一是表现为以西方哲学的视野来诠释老子之道。王国维于 1906 年发表《老子之学说》,认为"孔子于《论语》二十篇中,无一语及于形而上学者,其所谓'天'不过用通俗之语。墨子之称'天志',亦不过欲巩固道德政治之根柢耳,其'天'于'鬼'之说,未足精密谓之形而上学也。其说宇宙之根本为何物者,始于老子"②。他以《老子》第 25 章、第 4 章为例,指出"此于现在之宇宙外,进而求宇宙之根本,而谓之曰'道'。是乃孔墨二家之所无,而我中国真正之哲学,不可云不始于老子也"③。他进而指出,老子"恍惚虚静之道,非但宇宙万物之根本,又一切道德政治之根本也"④。王国维从西方哲学本体论的角度探讨《老子》的价值,并确立了老子作为中国哲学奠基者的历史地位。

比王国维略早的严复所撰《老子评点》,同样立足于西学的视野以释《老子》,是近代老学中的一部有代表性的作品。《老子评点》出版于 1905 年,该著亦明确以哲学之名解《老》,如评点第 1 章"同谓之玄,玄之又玄,众妙之门"说:"西国哲学所从事者,不出此十二字。"⑤又在第 2 章的评语指出:"《南华》以《逍遥游》为第一,《齐物论》为第二,《养生主》为第三,《老子》首三章亦以此为次第,盖哲学天成之序也。"⑥再如第 10 章评语:"凡物理之所通摄而不滞于物者,皆玄也,哲学谓之提挈归公之物德。"⑦严复不仅从哲学的角度评点老子思想,而且注

---

① 可参刘固盛:《宋元时期的老学与理学》(陕西人民出版社 2002 年版)第三章的相关论述。
②《王国维文集》第三卷,中国文史出版社 1997 年版,第 102 页。
③《王国维文集》第三卷,中国文史出版社 1997 年版,第 102 页。
④《王国维文集》第三卷,中国文史出版社 1997 年版,第 103 页。
⑤ 熊铁基、陈红星主编:《老子集成》第十一卷,第 532 页。
⑥ 熊铁基、陈红星主编:《老子集成》第十一卷,第 533 页。
⑦ 熊铁基、陈红星主编:《老子集成》第十一卷,第 536 页。

意中西哲学的会通，如第 1 章评点："玄，其所称众妙之门，即西人所谓Summumgenus。"① 又如第 4 章评点："此章专形容道体……以道为因而不为果，故曰不知谁之子。使帝而可名，则道之子矣。故又曰众甫。众甫者，一切父也。西哲谓之第一因。"② 再如第 25 章评点："《老》谓之道，《周易》谓之太极，佛谓之自在，西哲谓之第一因，佛又谓之不二法门。万化所由起迄，而学问之归墟也。"③ 严复用西哲所谓的第一因，也即本体论以释老子之道，由此阐明道乃宇宙万物之根本、一切知识的归宿、世间所有存在的终极原因。

1914 年刘鼒和撰成《新解老》，更认为"老子之书，实吾国最古最高之一种哲学书也"④，"此书原为研究宇宙大原之哲学，非寻常伦纪政治可比，苟非其人，无能领会也"⑤。刘鼒和指出，欧美学术未流入中国以前，由于不知哲学为何物，研读老子者大都不得老子之宗旨，或混入宗教方术，或牵入政治，或拘于孔子之儒学，摸索愈多，离老旨愈远。而当他了解西学以后，才认识到《老子道德经》本身不仅是"最高之纯正哲学说"，而且有超越西学之处，因为"西洋哲学论类多溯究宇宙有相之一切原理，而老子此书则惟溯究宇宙无相之一切原理，诚哉其为形而上之哲学矣，虽谓之超乎西洋近世学术思想可也"⑥。

随着西学大量传入中国，中西文化之间势必产生激烈的交锋，而近代老学不仅为中西文化的交流提供了一个极好的学术平台，而且为理解、消化西方思想提供了深刻的哲学基础。

---

① 熊铁基、陈红星主编：《老子集成》第十一卷，第 532 页。
② 熊铁基、陈红星主编：《老子集成》第十一卷，第 534 页。
③ 熊铁基、陈红星主编：《老子集成》第十一卷，第 543 页。
④ 熊铁基、陈红星主编：《老子集成》第十一卷，第 727 页。
⑤ 熊铁基、陈红星主编：《老子集成》第十一卷，第 749 页。
⑥ 熊铁基、陈红星主编：《老子集成》第十一卷，第 727 页。

第二节　黄老之学与政治

老子思想在政治上产生的影响也是巨大的，老子的道论，既是探讨世界本原的自然哲学，同时也是一种君道，即"君人南面之术"，黄老之学则是这种政术的集中体现。

一、黄老的形成与特点

战国时期，老子道家思想发生了分化，最主要的表现，一为庄子哲学的出现，一为黄老的形成。黄老思想作为道家的一个分支，在战国中后期已形成相当大的规模，学术影响也十分深远，例如出现在齐国的稷下学便是一个典型的代表。《管子》四篇中道与礼法的结合，体现出了老学的发展。老子是反对礼法的，指出"礼者，忠信之薄而乱之首"[1]，"法令滋彰，盗贼多有"[2]，认为礼法是造成社会混乱、民失性情的重要原因，而《四篇》则在吸收老子道论的基础上，将老子反对礼法的思想改造为道兼礼法，以道家哲学去论证法家思想的合理性，这样，黄老学也就真正成为了一种"君人南面之术"，并在当时的齐国以及汉初的政治实践中得以广泛应用。1973年长沙马王堆汉墓出土的帛书《老子》乙本卷前还有四种古佚书，即《经法》《十大经》《称》《道原》。学术界普遍认为此四篇文献是黄老学的重要作品，并对其展开了较为广泛的研究。《黄帝四经》虽然是打着黄帝的旗号，尤其是第二篇《十大经》，以黄帝君臣对话的形式来论述政治、军事上的策略，但就其思想主旨来看，仍然是对老子思想的继承与发挥。应该说，《黄帝四经》的思想，比较典型地体现了黄老之学的一般特点。

还需指出的是，虽然黄老连称，但黄老道家之学的主体不是黄帝，而是老子。所谓黄老，实际上是托黄帝而发挥老子的思想，正因为如此，黄老才成为道家中的重要一派，并在战国时就产生了很大的影响，如蒙文通言：

---

① 《老子》第 38 章。
② 《老子》第 57 章。

"百家盛于战国，但后来却是黄老独盛，压倒百家。"①白奚教授更具体指出："可以说，只有黄老之学才是战国中后期真正的显学，稷下学宫的情况就突出地表明了这一点。在稷下，无论从人数、著作还是从影响上来看，黄老之学都占有主流地位，代表了先秦学术发展的一般趋势。"②关于黄老之学的特点，司马谈《论六家之要旨》有一概括：

> 道家使人精神专一，动合无形，赡足万物。其为术也，因阴阳之大顺，采儒墨之善，撮名法之要，与时迁移，应物变化，立俗施事，无所不宜，指约而易操，事少而功多。

> 道家无为，又曰无不为，其实易行，其辞难知。其术以虚无为本，以因循为用。无成埶，无常形，故能究万物之情。不为物先，不为物后，故能为万物主。有法无法，因时为业。有度无度，因物与合。故曰"圣人不朽，时变是守。虚者道之常也，因者君之纲也"。群臣并至，使各自明也。

司马谈所论道家，指的即是黄老，其特点概言之有三：其一，以道为宗。既然是道家，当然要以道为中心，前面提到黄老学的主体是老子而不是黄帝，即是此意。黄老学对老子之道的理解与运用，便是"以虚无为本，以因循为用"。其二，学术上的综合性。黄老在学术上的最大特点便是"采儒墨之善，撮名法之要"，这是一种学术上的兼容并包。其三，将老子的道论创造性地运用于政治实践。老子本讲无为而无不为，但黄老之政术更加突出了无不为的思想，讲究顺应时变，积极有为，所谓"立俗施事，无所不宜"，其功效是明显的。

汉初几十年是黄老学的黄金时代，统治者以黄老作为指导思想，并在政治实践上加以倡导，如："文帝本修黄老之言，不甚好儒学，其治尚清静无为。"③"窦太后好黄帝、老子言，帝（景帝）及太子诸窦，不得不读《黄帝》《老子》，尊其术。"④历史上著名的"文景之治"正是黄老实践的成功范例。

---

① 蒙文通：《古史甄微》，巴蜀书社1987年版，第267页。
② 白奚：《稷下学研究》，三联书店1998年版，第92页。
③ 应劭：《风俗通·正失》。
④《史记·外戚世家》。

二、宋代君臣崇尚黄老

赵宋政权建立以后，与西汉初年的形势类似，社会经济遭到重大破坏，以清静无为为要旨的黄老思想同样适合宋初的社会要求以及最高统治者的需要，因此宋太祖、太宗和真宗都信奉黄老之治。作为开国之君的宋太祖为了实现国家统一，加强中央集权，虽然不能完全提倡清静无为，但他对黄老思想还是十分欣赏的，如开宝二年 (969) 五月，他亲自向年逾八十的道士苏澄询问养生之术，苏澄说："臣养生，不过精思炼气耳；帝王养生，则异于是。老子曰：'我无为而民自化，我无欲而民自正。'无为无欲，凝神太和，昔黄帝、唐尧享国永年，用此道也。"[1]苏澄向宋太祖建议，帝王不能仅仅学养生之道，而是应该以黄老之术治国。太祖听了很高兴，苏澄也因此得到重赏。宋太宗的黄老思想则更加明显，淳化四年 (993)，他对参知政事吕端说："清静致治，黄老之深旨也。夫万务自有为以至于无为，无为之道，朕当力行之。至如汲黯卧治淮阳，宓子贱弹琴治单父，此皆行黄老之道也。"吕端答曰："国家若行黄老之道，以致升平，其效甚速。"宰相吕蒙正也说："老子称'治大国若烹小鲜'，夫鱼挠之则溃，民挠之则乱，今之上封事议制置者甚多，陛下渐行清静之化以镇之。"[2]这段记载既反映了宋太宗把黄老思想作为政治上的指导思想，也显示出大臣们与太宗思想的一致性，以及《老子》一书对他们的重要影响。当时不仅大臣熟知《老子》内容，皇帝也经常阅读《老子》。太宗曾对他的侍臣说：

> 伯阳五千言，读之甚有益，治身治国，并在其内。至云"善者吾善之，不善者吾亦善之"，此言善恶无不包容，治身治国者，其术若是。若每事不能容纳，则何以治天下哉！朕每读至"佳兵者不祥之器，圣人不得已而用之"，未尝不三复，以为规戒。王者虽以武功克受，终须用文德致治。[3]

宋太宗是一位深谙黄老之道的皇帝。据载：

---

① 《续资治通鉴长编》卷十。

② 《续资治通鉴长编》卷三四。

③ 《宋朝事实》卷三。

太宗闻汴水辇运卒有私质市者，谓侍臣曰：幸门如鼠穴，何可塞之，但去其尤者可矣。篙工揖师苟有贩鬻，但无妨公，不必究问。冀官物之入，无至损折可矣。吕蒙正曰：水至清则无鱼，人至察则无徒，小人情伪，在君子岂不知之，若以大度兼容，则万事兼济。曹参不扰狱市者，以其兼受善恶。穷之则奸慝无所容，谨勿扰也。

圣言所发，正合黄老之道。

由此可见，宋太宗从指导思想到施政实践，确实大有黄老之风。宋真宗同样尚黄老，他于咸平二年（999）对宰相说："道德二经，治世之要道，明皇注解虽粲然可观，王弼所注言简意深，真得清静之旨也。因令镂板。"[1]并于景德三年(1006)下诏说："老氏立言，实宗于众妙，能仁垂教。盖诱夫群迷，用广化枢，式资善利。"[2]宋初的几个皇帝都注意从《老子》中吸取治世之道，大力提倡黄老之学。谈到黄老学说及其政教功能，汉初无疑是其最辉煌的黄金时代，不过，宋初黄老的影响也不可小觑，北宋建国一百年左右，社会经济变得十分繁荣，后来孟元老在《东京梦华录·序》中描述云："太平日久，人物繁阜。垂髫之童，但习鼓舞；斑白之老，不识干戈。时节相次，各有观赏。灯宵月夕，雪节花时，乞巧登高，教池游苑。"这种太平盛世的出现，无疑有黄老的功劳。

宋徽宗更是著名的崇道皇帝，对《老子》十分推崇，下诏："太上老君所著《道德经》，世以诸子等称，未称尊崇之礼，可改为《太上混元上德皇帝道德真经》。"[3]宋徽宗不但予《道德经》尊崇之礼，而且禁止广大士庶取名时使用老子之名字及谥号。为了扩大《老子》的影响，宋徽宗还下诏令全国各学校以《老子》为教材："自今学道之士，许入州县学教养，所习经以《黄帝内经》《道德经》为大经。"[4]至于徽宗本人，不但诵读《老子》，而且亲自为之作注，成为继唐玄宗后第二个注《老》的皇帝。宋徽宗下诏：

① 彭耜：《道德真经集注·说序》引。
② 《宋朝事实》卷七。
③ 《续资治通鉴长编本末》卷一二七。
④ 《续资治通鉴》卷九三。

"昨所注《道德经》，可规仿唐制，命大臣分章句书写，刻石于在京神霄玉清万寿宫，以垂无穷，究观老氏深原道德之本。……举复于无为恬淡之真，皇帝之治，何以越此？朕甚慕之，注经尊教，设科作宫，所以示钦崇之旨，布告天下，咸谕兹意。"①所谓"规仿唐制"，主要是仿效唐玄宗的做法。对《老子》的注解，也主要从治国理政方面着手，一心要发黄老千载不传之秘。御注完成不久，朝散郎新知兖州王纯奏："乞令学者治《御注道德经》，间于其中出论题。"②对王纯的奏议，宋徽宗立即予以批准，很快就下诏向全国颁行《御注道德经》。上有好者，下必甚焉，宋徽宗对《老子》的推崇，无疑有助于扩大老子思想的影响。

宋高宗也重视老子，他说："朕之好道，非世俗之所谓道也。世俗修炼以求飞升不死，若果能飞升，则秦始皇、汉武帝当得之矣。朕惟治道贵清静，苟侈心一生，虽欲自抑，有不能已者，故所好惟在恬淡寡欲，清心省事，所谓为道日损，损之又损，以至于无为，斯与一世之民，同跻仁寿，如斯而已。"③宋高宗并不相信道教的神仙之术，而是希望用老子之道治国安民，此即黄老之宗旨。

宋代不仅皇帝崇尚黄老，大臣也同样如此。如欧阳修云："前后之相随，长短之相形，推而广之，万物之理皆然也。然老子为书，其言虽若虚无，而于治人之术至矣。"又曰："道家者流，本清虚，去健羡，泊然自守，故曰我无为而民自化，我好静而民自正，虽圣人南面之治，不可易也。"④左司谏陈瓘说："武帝黜黄老而用儒术，未尝不本于仁义，而观其实效，则不异于始皇者几希。当此之时，天下不一日而无事，思慕文景不得复得，然则黄老亦何负于天下哉。"⑤认为在治国方面黄老实际上比儒学高明。苏轼则认为黄老才是道家的正宗，他曾奉诏撰《上清储祥宫碑》云：

　　道家者流，本出于黄帝、老子，其道以清静无为为宗，以虚

①《续资治通鉴长篇本末》卷一二七。
②《续资治通鉴长篇本末》卷一二七。
③彭耜：《道德真经集注·说序》引。
④彭耜：《道德真经集注杂说》卷上。
⑤彭耜：《道德真经集注杂说》卷上。

明应物为用，以慈俭不争为行，合于《易》"何思何虑"、《论语》"仁者静寿"之说。自秦汉以来，始用方士言，乃有飞仙变化之术，黄庭、大洞之法，"太上""天真""木公""金母"之号，天皇太乙、紫极北极之祀，下至于丹药奇技、符箓小数，皆归于道家。尝窃论之：黄帝、老子之道，本也；方士之言，末也。①

苏轼指出，黄老与儒家有一致的地方，而与秦汉以后产生的道教有别。道教的各种修炼虽归于道家，但道家之本是黄老。他又在《盖公堂记》说："曹参为齐相，闻胶西盖公善治黄老言，使人请之，用其言而齐大治，其后以其所以治齐者治天下，天下至今称贤焉。吾为胶西守，知公之为邦人也，求其坟墓子孙而不可得，慨然怀之，师其言，想见其为人。夫曹参为汉宗臣，而盖公为之师，可谓盛矣。而史不记其所终，岂非古之至人得道而不死者欤？"

司马光崇尚黄老，并针对王安石变法进行讨论：

老子曰："天下神器不可为也，为者败之，执者失之。"又曰："我无为而民自化，我好静而民自正，我无事而民自富，我无欲而民自朴。"又曰："治大国若烹小鲜。"今介甫为政，尽变更祖宗旧法，先者后之，上者下之，右者左之，左者右之，成者毁之，矻矻焉穷日力，继之以夜而不得息，使上自朝廷，下及田野，无一人得袭故而守常者，纷纷扰扰，莫安其居，此岂老氏之志乎。②

显然，司马光不仅反对王安石变法，而且认为其变法违背了黄老之旨。司马光还针对当时学黄老者以心如死灰、形如槁木为无为的错误认识，作《无为赞》，云："治心以正，保躬以静，进退有义，得失有命，守道在己，成功则天，夫复何为，无为自然。"司马光认为黄老之要旨就是无为自然，这也是老子思想中最可取的内容。秦观指出，班固认为司马迁是非颇谬于圣人，这样的评价是不对的，司马迁论大道则先黄老而后六经，恰恰是他的高见。秦观说："孟子曰：仁者人也，合而言之道也。杨子亦曰：道以导之，德以得之，仁以人之，义以宜之，礼以体之，天也。合则浑，离则散，

① 彭耜：《道德真经集注杂说》卷上。

② 彭耜：《道德真经集注杂说》卷上。

盖道德者仁义礼之大全，而仁义礼者道德之一偏。黄老之学贵合而贱离，故以道为本。六经之教，于浑者略，于散者详，故以仁义礼为用。迁之论大道也，先黄老而后六经，岂非有见于此而发哉。"①

南宋高宗朝吏部尚书、龙图阁学士程大昌大力倡导黄老。他作《易老通言》完毕，便上奏皇帝云："区区之意，深望殿下采其秉要之理，而以西汉为法，鉴其谈治之略，而以西晋不事事为戒，则老子之精言妙道，皆在殿下运用之中矣。"程大昌劝皇帝效法黄老，能够象西汉君臣那样运用老子之要言妙道，而以西晋之无所事事为戒。他进一步说：

> 师老子而得者为汉文帝，盖其为治，大抵清心寡欲而渊默朴厚以涵养天下，其非不事事之谓也，则汉以大治而基业绵固者，得其要用其长故也。至于西晋，则闻其言常以无为为治本，而不知无为者如何其无为也，意谓解纵法度，拱手无营，可以坐治，无何纪纲大坏，而天下因以大乱。王通论之曰：清虚长而晋室乱，非老子之罪也。盖不得其要而昧其所长也。②

程大昌指出，《老子》一书详于言道略于言器，主张以道御物，这就是老子之要、老子之长。西汉张良的恬澹、曹参的清静、文帝的玄默，都是效法老子思想，结果汉代大治，基业牢固，这一君二臣也成了用老的典范，使"万世称首"。然而，他们的清静玄默并非对世事漠不关心，也非付天下于不为。而西晋之崇尚老子者，却偏离了老子之要旨，认为老子之"无"，就是虚无，就是无所事事，于是礼乐刑政被抛到了一边，纲纪法度荡然不存，天下大乱。程大昌借初唐王通之言加以说明，晋室之乱并非老子本身的罪过，而是人们把老子用错了。所以他提醒说："故读老者必知夫无为之中有无不为者在焉，而后可以知汉晋之治同所出而异所效也。"③程大昌反复强调老子之要言妙道在于"虽贵无未尝遗有""无为之中更有无不为者在焉"，并提醒南宋统治者以西晋之专尚虚无为戒，而要像西汉君臣那样有所作为。

---

① 彭耜：《道德真经集注杂说》卷上。
②《易老通言》卷下。
③《易老通言》卷下。

第三章　老子思想的历史地位与影响

这是典型的黄老思想。

三、黄老思想与政治的内在关联

黄老之学与政治具有一种内在的联系，如张舜徽疏证《老子》首章"道可道，非常道"时指出：

> 盖治人之具，因时而变，非可久长守之者也。惟人君南面之术，蕴之于己，不见于外，乃治国之常道，历久远而不可变者。此乃老子宣扬君道之言，意谓凡人世可用谚语称说之道之名，皆非其至者，以此见君道之可贵。君道微妙玄通，深不可识，故不可称说也。①

老子之道确实是可以用来治国安民的，汉初的黄老政治，是老子思想发挥政治功能的黄金时期。到后来，虽然独尊儒学，但历代统治者对《老子》书仍然是相当重视的，唐玄宗、宋徽宗、明太祖、清世祖四朝皇帝先后为《老子》御注，体现出老子思想在治国安邦方面的独特价值。"无为"作为老子政治思想的核心内容，为何被如此重视呢？有学者作出了解释：

> 所谓"无为"乃是一种君道：君主必须"无为"才能"无不为"，表面不管，实际却无所不管。否则，如果不是"无为"，而是"有以为"，统治者不是处"无"，而是占"有"，那就被局限，就不可能总揽全局了。因为任何"有"，尽管如何广大，总是有限定的，能穷尽的和暂时的，它只能是局部。只有"无""虚""道"，表面上似乎只是某种空洞的逻辑否定或浑沌整体，实际上却恰恰优胜于、超越于任何"有""实""器"。因为它才是全体、根源、真理、存在。而这就正是君主所应处的无上位置，所应有的优越态度，所应采的统治方略。②

由此看来，在老子那里，无为、守雌确是一种积极的政治哲学，由此成为君主的统治之术也就顺理成章了。

---

① 张舜徽：《周秦道论发微》，中华书局 1982 年版，第 162 页。

② 李泽厚：《中国古代思想史论》，安徽文艺出版社 1994 年版，第 91 页。

黄老思想作为一种治国之政术，西汉无疑是其高峰时期，但黄老思想在中国历史上的影响一直是存在的，而从其流传之广与影响之大来说，则当以西汉、北宋为代表。唐代虽不乏崇尚黄老的君臣，君主如唐太宗、唐玄宗，大臣如李约、陆希声，李约甚至提出"六经乃黄老之枝叶"的观点，但黄老在宋代更加活跃，不仅有多位皇帝倡导并进行具体的政治实践，而且在思想界也很流行。明清时期，黄老思想仍然具有相当影响，如明代，不仅朱元璋注解《老子》，发君术之微，还出现了官员群体解《老》的现象，王道、沈一贯、徐学谟、郭子章、杨宗业等数十名官员都曾注解《老子》，他们大都为进士出身，多人官至尚书，不乏著名将领。他们的解释虽各有异同，但注重阐明老子思想的政治价值则是一致的。近代魏源撰《老子本义》，认为老子思想的本义就是黄老之学，他说："老氏书赅古今，通上下。上焉者羲皇关尹治之以明道，中焉者良参文景治之以济世，下焉者明太祖诵民不畏死而心减，宋太祖闻佳兵不祥之戒而动色"。[①]魏源认为老子的思想要旨为治国平天下，可以用来救世。从汉代以来黄老思想的流传与影响来看，魏源的观点确实是有所依据的。

第三节　老子与道教

　　道教形成以后，老子本人成为道教的教主太上老君，《老子》书成了道教的最高经典，因此，教门人士不但用《老子》弘道阐教，而且通过诠释《老子》以建构道教理论体系。例如五斗米道之教义，即是通过《老子想尔注》而体现的。魏晋六朝以后，诸多道士纷纷解《老》，道教老学的思想内容逐渐丰富。而道教老学的发展，则反映了道教之教义教理的构建与演变情况。一部道教老学史，即是一部道教思想史。

一、《老子》与早期道经创制

　　李养正先生曾指出，道教积累经书逾万卷，其中重要经书，不是托言

―――――――――

①　熊铁基、陈红星主编：《老子集成》第十一卷，第3页。

太上老君"降授"，便是引老君"道德"之言，而演说神仙之道。笼统地说，道教所宣扬之义理，无一不与《老子》在形式上及内在思想上有着或多或少的关系。"《道藏》绝大部分经书无不或多或少依附《道德经》自尊其教。"①特别是在道教发展的早期，一批道教经书都是托《老子》而立言的。

这里先谈谈《老子中经》。《老子中经》应是一部成书很早的道经，见于《云笈七签》卷十八、十九，共五十五章。书前有一注解："一名《珠宫玉历》。"可见《老子中经》又名《珠宫玉历》。陈国符在他的《道藏源流考》中指出，《抱扑子》第十九《遐览篇》著录的《老君玉历真经》应该就是《老子中经》，那么《老子中经》的成书年代便早于《抱扑子》②。又据法国道教学者施舟人的考证，《太上灵宝五符序》也引用过《老子中经》，《五符序》第一卷有一段《食日月精之道》，完全是从《老子中经》第三十四、三十五章抄过来的。由于《五符序》是早于《抱扑子》的书，在三国时代大概就已出现③，因此，至少可以将《老子中经》的年代推到三国以前，故《老子中经》应为东汉时代的作品④。我们赞同施舟人的观点，所以《老子中经》应是早期道教人士依托《老子》创制的一部道经。

此书内容十分独特，有些地方理解起来相当困难，但主要内容有二，即宣扬神仙信仰和阐发修道之术。

全书每章均冠以"神仙"名。书中记载了大量的神灵，有的为道教固有之神如"上上太一"和"太上道君"，还有许多是神话中为人熟知的仙人，如赤松子、西王母、彭祖、王子乔、风伯、雨师、雷公、土公、九天丈人、五岳之神，等等。最高之神为"上上太一"，被称为"第一神仙"：

> 经日：上上太一者，道之父也，天地之先也。乃在九天之上，太清之中，八冥之外，细微之内，吾不知其名也，元气是耳。其神人头鸟身，状如雄鸡，凤凰五色，珠衣玄黄。正在兆头上，去

---

① 李养正：《道教经史论稿》，华夏出版社1995年版，第266页。
② 陈国符：《道藏源流考》，中华书局1963年版，第80页。
③ 陈国符：《道藏源流考》，中华书局1963年版，第64页。
④ 施舟人：《〈老子中经〉初探》，《道家文化研究》第16辑，三联书店1999年版。

兆身九尺，常在紫云之中华盖之下住。兆见之言曰：上上太一道君，
曾孙小兆王甲洁志好道，愿得长生。

这位"上上太一"外貌为人头鸟身，在天地之先即已存在。而仅次于"上
上太一"的神是"无极太上元君"，即"太上道君"，为"上上太一"之子，《中经》
称之为第二神仙，依此类推，后面便是第三神仙"东王父"、第四神仙"西
王母"，等等，《老子中经》由此构建了一个神仙的世界。

至于修道之术，重点是内修，而对存思等内养之术叙述尤为详尽，如
该书"第五神仙"：

> 道君者，一也；皇天上帝中极北辰中央星是也。乃在九天之上，
> 万丈之巅，太渊紫房宫中。衣五色之衣，冠九德之冠，上有太清元气，
> 云曜五色。……人亦有之，在紫房宫中华盖之下，元贵乡平乐里，
> 姓陵阳，字子明。身黄色，长九分，衣五色珠衣，冠九德之冠。
> 思之长三寸，正在紫房宫中华盖之下。……乘云气珠玉之车，骖
> 驾九极之马，时乘六龙以御天下。子常思之，以八节之日，及晦
> 朔日，日暮夜半时祝曰："天灵节荣，真人王甲愿得长生，太玄
> 之一，守某甲身形，五藏君候，愿长安宁。"

先描述宇宙之神，而每一个外界之神都在人体内有一对应部位，并有
相对应之神灵，修道者可以依此进行各种存思活动。另外值得注意的是，《老
子中经》还认为服食金丹在修道成仙过程中有特殊意义，如"第五十五神
仙"说："兆汝审欲神仙，当先服还丹金液，存神，即时仙矣，上为真人。
兆汝不服神丹金液，当自苦耳。"可以看出，《老子中经》主张服丹与内
炼相结合的修道成仙之术，实奠定了以后道教修养方法的基本格局。

下面再谈谈早期道教的另一部重要经典《西升经》。该书作者不详，
但与楼观道派关系密切，李养正先生认为此书乃楼观道士梁谌所作[1]。因成
书于东晋初年的《正诬论》已引述其中的文字，葛洪《神仙传》亦提及此
书，故《西升经》的成书年代大约在魏晋之际。该书现存的版本有两种，
一为北宋陈景元的《西升经集注》本，收入《正统道藏》洞神部玉诀类；

---

① 李养正：《道教概说》，中华书局 1989 年版，第 82 页。

一为宋徽宗注本，收入《正统道藏》洞神部本文类。二者均分为三十九章，文字略有不同。

《西升经》虽有化胡的思想，但其主体内容乃是通过援引老子思想以阐发道教哲理，"为道教阐发《道德经》要义之作"①。所以陈景元说此经"其微言奥旨，出入五千文之间"②，宋徽宗也在《西升经集注》序中称该书大旨"以得一为要妙，以飞升为余事""盖与五千言相为表里"。其主要思想有二：

首先，该经沿袭《老子》之道论并加以发挥。认为"道"广大悉备，包裹天地，陶育万物，制御一切。且不终不始，万世不绝。"道非独在我，万物皆有之，万物不自知，道自居之"③，万物皆秉道而生，而道化生万物之后，又成为万物存在的依据。道与人的关系同样如此："人在道中，道在人中；鱼在水中，水在鱼中；道去人死，水干鱼终。"④人的生命存在，同样是由于道的作用。《西升经》强调了"自然"的特殊地位，多次明确提出"自然"是道最重要最根本的性质，如云：

古之为道者，莫不由自然。⑤

告以道要，云道自然。⑥

自然者，道之根本也。⑦

显然，这是对老子思想的正确把握。《西升经》对气也很重视。如云："合会地水火风，四时气往缘；气为生者地，聚合凝稍坚。"⑧又云："气下，化生于万物，而形各异焉。"⑨把气视为道生万物的中介，这是对老子思想的进一步发挥。

---

① 卿希泰主编：《中国道教》第二卷，东方出版中心1996年版，第66页。
② 陈景元：《西升经集注》序。
③《西升经·在道章》。
④《西升经·在道章》。
⑤《西升经·为道章》。
⑥《西升经·西升章》。
⑦《西升经·柔弱章》。
⑧《西升经·道象章》。
⑨《西升经·道虚章》。

其次，在养生思想上，坚持《老子》修养本旨，以主静养神为主。李养正先生指出："《老子西升经》便是楼观道用老子之道解说炼形之术，亦即提高到理论上演说长生之道，开始由只讲炼形而转向义理化探讨的标志。"[①] 所谓义理化的探讨，即是由炼形到养神的转变。《西升经》主张养生以静，如《寂意章》云："吾道淡泊寂，意死者，生静而复命也。"对这句话，宋徽宗有一注解："淡则不与物交，泊则静止不流，道之真也。体道者，在于形如槁木，心若死灰，内静其意，归于寂定，而无以生为。故尔以其不自生，故形生而不敝，皆谓复命之常也。"应该说，宋徽宗还是较好地把握住了《西升经》的意思。老子主静，《西升经》对这一思想当然有所继承。同时，《西升经》突出了养神的思想，《神生章》云："神生形，形成神，形不得神不能自生，神不得形不能自成，形神合同，更相生，更相成。"由于形神是相依相须、不可偏废的，所以，要想炼形，必须养神，只有"形神俱妙"才为"摄养之上乘"，正所谓"形神合同，固能长久"。

《西升经》最后提出了"我命在我，不属天地"[②]的名言，揭示了道教生命哲学的主题，亦是对老子思想的弘扬。

又如《太上老君内观经》也是一部与《老子》关系密切的道经，这点卢国龙教授已经有所揭示："《内观经》和《定观经》，性质与《西升经》相似，都是以道经的形式敷阐《老子》的著作。"[③]此书被《云笈七签》卷十七收入，又见于《道藏》洞神部本文类，作者不详。据元朱象先《终南山说经台历代真仙碑记》称：隋陕西楼观派道士田仕文，于隋开皇七年（587）披度为道士，"师华阳子，受《内观》《定观》真诀。"华阳子为北周道士韦节的道号，而所受《内观》真诀应该就是《太上老君内观经》，由此可见，《内观经》乃南北朝时期的道经，故唐初道士张万福所撰《传授三洞经戒法箓略说》对此经已有引述。

该经托老君阐发内观之道，乃是对老子养生之道的发挥。如：

---

① 李养正：《道教概说》，中华书局1989年版，第83页。

②《西升经·我命章》。

③ 卢国龙：《道教哲学》，华夏出版社1997年版，第236页。

老君曰："道无生死，而形有生死。所以言生死者，属形不属道也。形所以生者，由得其道也。形所以死者，由失其道也。人能存生守道，则长存不亡也。"

老君曰："道贵长存，保神固根。精气不散，纯白不分。形神合道，飞升昆仑。先天以生，后天以存。出入无间，不由其门。吹阴煦阳，制魄拘魂。亿岁眷属，千载子孙。黄尘四起，骑羊真人。金堂玉室，送故迎新。"

老君曰："知道易，信道难。信道易，行道难。行道易，得道难。得道易，守道难。守而不失，身常存也。"

《老子》第 58 章明确指出其道乃"深根固蒂、长生久视之道"，《内观经》正是抓住这一点大加发挥。因为道是超越生死的，所以如果修道者能够从知道、信道、行道、得道直至守道不失，长存己身，则足可长生久视。《内观经》进而指出，要做到生道合一、成为神仙的关键则在于修心，故曰：

所以通生，谓之道。道者，有而无形，无而有情，变化不测，通神群生。在人之身，则为神明，所谓心也。所以教人修道，则修心也。教人修心，则修道也。道不可见，因生以明之。生不可常，用道以守之。若生亡则道废，道废则生亡。生道合一，则长生不死，羽化神仙。

所以言虚心者，遣其实也；无心者，除其有也；定心者，令不动也；安心者，使不危也；静心者，令不乱也；正心者，使不邪也；清心者，使不浊也；净心者，使不秽也。此皆以有，令使除也。四见者，心直者，不反复也。心平者，无高低也。心明者，无暗昧也。心通者，无窒碍也。此皆本自照者也。粗言数语，余可思也。

修道即修心，修心即修道，此种思想反映了道教之修道旨趣到南北朝时期已发生了一些变化，超越生死除了服食金丹大药以外，还可以有其他的途径，那就是"道以心得，心以道明。心明则道降，道降则心通"[①]。

最后略谈一下《老子变化经》。该经不载于《道藏》，今敦煌道经中

---

① 《太上老君内观经》。

存有残卷，编号 S2295，存经文 95 行，宣扬老子历代变化身形名号，降为帝王之师。大渊忍尔等日本学者认为此经系汉末道士所造，王卡则认为出于南北朝①。该经是研究老子神化过程的重要文献资料。

二、道教老学的发展脉络

道教老学是道教人士对本教最高经典《老子》的注解与发挥。道教老学的发展，具有鲜明的时代性，不同时代的道教学者在诠释《老子》时所呈现出来的思想创见与精神特质是各不相同的。汉魏六朝、隋唐、宋元、明清，每一个历史阶段总会涌现出有代表性的高道注《老》、解《老》，并取得重要的学术成就。他们的诠释不仅推动道教老学不断发展，而且促使道教教义不断丰富，引领道教精神不断提升。

道教老学的发轫可以溯及于《老子河上公章句》，尽管《河上注》的作者不一定是道士，但此注与道教关系密切。例如《正统道藏》所收《老君传授经戒仪注诀》，记载了早期天师道道士研读《道德经》所用何种本子及诵读次第，列有太玄部十卷经典，其中首列老君大字本，这是白文本《道德经》，其次为《河上注》，再次为《想尔注》。可见，在道教发展的早期，《河上注》便是道士必读之经典。《注诀》又云："读河上一章，则彻太上玉京，诸天仙人，叉手称善。"确实，《河上注》与道教教义是十分相符的。姜亮夫曾指出："道教流传自以《河上注》为大典，此情势之必然。"②姜先生所言"情势之必然"，即是《河上注》的思想契合了道教之需要，从而能够为道教服务。至于道教老学的正式形成，则当以《老子想尔注》为代表，《想尔注》应该是成书于《河上注》之后，对《河上注》是有所继承的③。关于该书的价值，如任继愈主编的《中国道教史》所言："《老子想尔注》是第一部完全用神学注解《道德经》，使之符合道教宗旨的作品。它的出现是老学与长生神仙说、民间信仰合流的最明显的标志，开创了道

---

① 王卡：《敦煌道教文献研究》，中国社会科学出版社 2004 年版，187 页。

② 姜亮夫：《巴黎所藏敦煌写本道德经残卷叙录》，《中国哲学》第二辑，三联书店 1980 年版。

③ 饶宗颐：《老子想尔注校证》，上海古籍出版社 1991 年版，第 79 页。

教徒系统利用《老子》的新时期，因而在早期道教发展史上有其特殊的作用和意义。"①从道教史的角度看，《想尔注》为了解道教的原始思想提供了一份珍贵的资料；从老学史的层面来说，《想尔注》开辟了注解《老子》的一种新的范式，即从信仰与学理的双重层面解释《老子》。

两晋以后，随着佛教的发展，佛、道之间的冲突加剧。为了回应佛教的冲击，提高自身的发展能力，道教人士开始加强理论方面的建设。这一点，首先在道教老学的发展过程中得以体现，其标志即是重玄学的产生与发展。重玄学的出现，最早可追溯到东晋时的孙登，他解《老》的旨趣便是"托重玄以寄宗"②。到南北朝时期，道教人士注解《老子》成为一时风尚，陆修静、顾欢、陶弘景、孟景翼、孟智周、臧玄靖、窦略、诸糅、宋文明、韦处玄等均有《老子》注问世，而他们大多数人的解《老》都是"以重玄为宗"。顾欢是其中的代表人物，蒙文通曾指出："隋唐道宗之盛，源于二孟……孟氏之传，出于顾氏，而道士之传，此为最早，诚以景怡所造之宏也。"③二孟即孟景翼与孟智周，他们都是南朝道教重玄学的代表人物，对隋唐重玄之风影响颇大。而二孟之学即出于顾欢，因此蒙文通高度肯定了顾欢在南北朝道教理论发展过程中的继往开来之功。顾欢解《老》，在本体论上明确了道"非有非无"的性质，同时以"气"为桥梁阐述了道物关系，又通过"神"的概念，使道回归人本身。其政治哲学"以无为为宗"，强调"化"的重要作用，指出天道以与善为常，成人之美，不成人之恶。其养生论要点有二：其一强调修道者的修道实践是一个主动过程，个人应该自觉地"与道相得"；其二，大力弘扬生命的价值④。顾欢这种努力，在早期道教老学由重视神仙方术到注重义理的转变过程中，是起了重要作用的。

隋唐道教老学承续南北朝老学义理化的特点，并进一步展开，具体表现为重玄学的兴盛。由于重玄学所涉及的各个层面如本体论、心性论、修

---

① 任继愈主编：《中国道教史》上卷，中国社会科学出版社2001年版，第39页。
② 成玄英：《老子道德经开题》，《老子集成》第一卷，第285页。
③ 蒙文通：《校理老子成玄英疏叙录》，《蒙文通文集》第六卷，巴蜀书社2001年版，第346页。
④ 具体论述可参拙文《论顾欢的老学思想》，《华中师范大学学报》2007年第6期。

养论、成仙论等的创造性阐发，大都出于道教学者，故将重玄学称之为道教重玄学，可谓名至实归。当然，儒家人物中亦不乏以重玄为归趣者，如陆希声等，但陆氏等人主要是受重玄之风的影响，并不妨碍重玄学的归属。由于重玄的理念乃出于《老子》首章"玄之又玄"一语，故重玄学主要是借《老子》之注疏而阐发的，如成玄英《老子道德经开题序诀义疏》、李荣《道德经注》、杜光庭《道德经广圣义》等都是代表性的著作。此外，刘进喜、蔡子晃、黄玄赜、车玄弼、张君相、张惠超、黎元兴等道士之解《老》，都明重玄之道。重玄学对老子思想的创造性阐发，在道教思想史乃至中国思想史上都具有重要的意义，具体表现在以下三个方面：其一，提升了道教哲学的境界。早期道教注重神仙与方术，但随着道教本身的发展，加之佛教的刺激，道教更加注意本教教义的完善，所以到了唐代，道教重玄学开始勃兴，道教哲学由此得到迅速发展，并可以与儒、佛鼎足而立。其二，为道教性命兼修之先导。重玄学者认为，修道者如果能够做到心与道合，复归真性，就能够长生久视。如成玄英指出："心冥至道，不灭不生"①"命者，真性惠命也。既屏息嚣尘，心神凝寂，故复于真性，反于惠命。"②这样的思想显然与追求炼形服药以求肉体飞升的外丹有所不同，而是试图将修道的重点转移到心性上，神仙之道最终要从心性上去用功夫。尽管这种理论尚不完善，但为宋元内丹心性学的成熟奠定了重要基础。其三，重玄之道及其心性理论，又为理学的产生提供了可资借鉴的思想资源。重玄学对"理"的定义，已经具有本体论的意味，如李荣认为："道者，虚极之理也。"③"道本无形，理唯虚寂。"④类似的论述，对宋代儒学"理"本体的确立，无疑是具有启发作用的。而其心性思想，同样对理学的产生作出了贡献。

宋元道教老学在隋唐道教老学的基础上继续向前发展。该时期高道辈出，诠释《老子》的水平很高，并形成了新的时代特色。本期现存道教老

---

① 熊铁基、陈红星主编：《老子集成》第一卷，第 299 页。
② 熊铁基、陈红星主编：《老子集成》第一卷，第 299 页。
③ 熊铁基、陈红星主编：《老子集成》第一卷，第 349 页。
④ 熊铁基、陈红星主编：《老子集成》第一卷，第 380 页。

学文献主要有陈景元《道德真经藏室纂微篇》、吕知常《道德经讲义》、邵若愚《道德真经直解》、李嘉谋《道德真经义解》、范应元《老子道德经古本集注》、董思靖《道德真经集解》、白玉蟾《道德宝章》、彭耜《道德真经集注》、李道纯《道德会元》、杜道坚《道德玄经原旨》、张嗣成《道德真经章句训颂》、刘惟永《道德真经集义》，等等。至于其诠释特点，除了儒道释思想的进一步相互融通以外，尚有两个方面十分突出：第一，对《老子》诠释的学理性进一步增强。道教人物解释《老子》，与一般人士不同，往往包含学理与宗教信仰或者说道与术的双重层面，这一点，宋元道教老学同样不例外，如吕知常、邓锜等即是代表。但是，比较而言，宋元时期的道教人物解《老》，往往更多注意其学理，注意对"道"的阐发，而不重神仙方术之说，陈景元、邵若愚、范应元、董思靖、白玉蟾、彭耜、李道纯等等道士诠解《老子》时，都表现出了同样的倾向。如南宋道士彭耜指出："此经以自然为体，无为为用，治世出世之法，皆在焉。……若夫秦汉方术之士，所谓丹灶奇技，符箓小数，尽举而归之道家，此道之绪余土苴者耳。"① 这样的解《老》宗旨，有助于习《老》者从术数中解脱出来，更好地去思考老子之道所蕴含的哲理与智慧。又如南宋另一名道士董思靖也认为，以往那些从外丹炼养角度注解《老子》者，都偏离了老子思想之本真，故他作集注时，凡是丹鼎神仙之术，一概不用，他说："或谓微言隐诀，多寓其间。故以首章有无为在二丹，则神气水火也；虚心实腹，则炼铅之旨；用兵善战，则采铅之方；冲字从水从中，乃喻气中真一之水；三十辐共一毂，为取五藏各有六气之象，及准一月火符之数。如斯等义，今皆略之。何则？性由自悟，术假师传。使其果寓微旨，亦必已成之士口授纤悉，然后无惑。区区纸上，乌足明哉。况是经标道德之宗，畅无为之旨，高超象外，妙入环中，遽容以他说小数杂之乎？白乐天云：'玄元皇帝五千言，不言药，不言仙，不言白日升青天。'亦确论也。"② 董思靖指出，尽管外丹家的"道法经术"各有指归，但用来解释《老子》，则为牵强之说，不

---

① 熊铁基、陈红星主编：《老子集成》第四卷，第541页。
② 熊铁基、陈红星主编：《老子集成》第四卷，第353页。

足据信。由上可以看出，宋元道教老学重道轻术倾向的形成，一方面固然是受当时注重义理学风的影响，另一方面则与道教人士自身对《老子》的认识以及道教教义的发展有关。第二，道教心性论的阐扬。宋元时期的道教老学，在心性论上大作文章，以心性解《老》，借《老子》而谈道教性命之学，是该时期道教老学发展的重要特点。白玉蟾的《道德宝章》以心性思想解《老》，被同道称为"固是本色"①，这确实显示出了宋元道教老学的时代性，也即是说，以心性解《老》，或者说借《老子》阐发道教的心性之学，符合当时道教教义教理发展的基本要求。

明清时期，道教老学进入总结阶段。现存主要老学文献有陆西星《老子道德经玄览》、王一清《道德经释词》、程以宁《太上道德宝章翼》、宋常星《道德经讲义》、潘静观《道德经妙门约》、董德宁《老子道德经本义》、刘一明《道德经会义》、李西月《道德经注释》、黄裳《道德经讲义》等。这一时期的道教老学仍然表现出了自己的生命力，在某些方面颇具特色，如以丹道解《老》获得了新的突破，对社会现实的关怀显得更加强烈，等等。此外，该时期还涌现出了一批托名神仙解《老》的著作，这既反映了道教神仙信仰在明清时期影响很大，同时也从一个侧面显示出道教老学的宗教神学特点。道教发展至明清时期，性命兼修思想早已成为其基本的教义，而借《老子》宣扬内丹性命之学，便自然成为了该时期道教老学的主旨，诚如陆西星《老子道德经玄览序》所言："《老子》者，圣人道德之微言，而性命之极致也。"值得注意的是，明清道教老学在阐发性命之理时，还表现出了一种倾向，即对修命的具体丹法比较重视，因而以丹术解《老》的现象很常见，这与宋元道教老学重道轻术的特点有所不同。如陆西星、程以宁、李西月、黄裳等重要的道教人物解《老》，都将老子思想与内丹联系起来，其功法阐述得相当详细完备。这一现象的出现，固然是道教老学的本来特色，但与内丹学在明清时期发展到了一个新的阶段也有关系。一般认为，晚唐五代钟吕金丹道的出现，标志着内丹道正式形成，而自张伯端对内丹理论与方法进行了系统阐发后，内丹学渐臻繁荣，但内丹学的真正成熟则在明代中叶至有清一代，

---

① 熊铁基、陈红星主编：《老子集成》第四卷，第 146 页。

这一时期的内丹学在概念的明晰性、体系的完整性诸方面较之前人有长足的进步①。明清道教老学中以丹法解《老》的现象明显增多，正是该时期内丹学发展走向成熟的反映。由于内丹学的根本原理大抵不离《老子》，所以道教人士特别是内丹家解释《老子》时，便常常借《老子》而言内丹功法，内丹之药物，火候，具体操作程序，等等，都在老学著作中有细致的体现。因此，像李西月的《道德经注释》、黄裳的《道德经讲义》等完全可以当作丹经来阅读，内容涉及道教教义教理以及养生学、医学甚至自然科学等多个方面，颇多"不传之秘"，值得重视。例如台湾萧天石曾给黄裳《道德经讲义》极高的评价："本人道以明仙道，字字金科玉律；体圣学以阐玄学，言言口诀心传。深入浅出，亲切平实。以之为用，可以明心见性，可以入圣登真，可以明哲处世，可以治国平天下。可藏可守，仕隐咸宜。衡情而论，确为《道德经》解本中不朽名著。"②

综上所述，自汉魏六朝至于明清道教老学的发展和演变，我们从中不难看出道教哲学的建构，道教教义的创新，道教与儒、释的交融与碰撞等丰富的内容。通过老学这一特殊的窗口，道教学者得以充分阐发本教的思想义理，《老子》这部永恒的经典为他们提供了不竭的智慧源泉。

三、道教老学的基本精神

从前面的论述可以看出，道教老学既体现出中国老学的共性，如它的时代性、学理性，但也有自身的特殊之处，如它的宗教性、神学性。而在不同的历史时期，道教老学的诠释主旨是有所差别的，或重道，或显术，或道术并重，不一而足。然而，透过历代道教人士解《老》的各种宗旨，我们仍然可以看到有一些相同的思想理念贯穿其中，它们构成了道教老学的基本精神。下面略举三点：

其一，道教本位。

道教老学的发展与道教本身的命运是紧密联系在一起的，无论是汉魏六

---

① 卿希泰主编：《中国道教史》第四卷，四川人民出版社1996年版，第23页。
②《道德经讲义·例言》。

朝道教学者借《老子》弘宗演教，将老子道家哲学转化为道教的核心思想，还是隋唐时期重玄学依靠老学而勃兴，从而使道教哲学思想得到了突破性的发展，抑或宋元明清阶段道教学者将老子思想与道教内丹心性学说互相融摄在一起，借《老子》而谈性命双修，都鲜明地体现出道教的本位立场。至于把《老子》解释成为具体的内炼之术或者将可操作的内丹功法与老子思想联系起来，更是地道的道教特色。总之，坚持道教本位，既是道教人士诠解《老子》的根本出发点，也是道教自身发展的必然要求。

至心求道的精神，是道教本位特色在老学中的具体反映。道教的根本信仰是道，对道的追求则是广大道教徒的基本理想，因此，道教人士在诠释或者运用《老子》时，无不将此作为一个核心理念加以重点发挥。如唐代成玄英等道教学者通过注解《老子》大力阐发重玄之学，从而使道教哲学得以突破；又如全真道创始人王重阳对本教最高经典《老子》特别重视和推崇，他曾作诗云："遵隆太上五千言，大道无名妙不传。一气包含天地髓，四时斡运岁辰玄。五行方阐阴阳位，三耀初分造化权。窈默昏冥非有说，自然秘密隐神仙。"[1] 老子之道不仅涵盖天地造化，也为神仙之根本。换言之，道教追求神仙之道，应该回到《道德经》这一最高经典中来，以老子的哲学精神作为修道的指南，这也是"全真"的内涵之一。所以，王重阳尽管没有留下专门的解《老》著作，但他的立教精神符合老子思想，尤其重要的是，他的宗教实践是以老子哲学为依凭的，正如熊铁基先生所指出："对《老子》书他有自己的'意''悟''搜通'和理解，这是难能可贵的，也正因为如此，王重阳就是王重阳，能够独创自己的家风。"[2] 唐代重玄学的发展以及全真道对老子思想的运用表明，在道教的阶段性发展中，如果道教教义符合老子之道的基本精神，道教将呈现出蓬勃的活力，反之，道教将难以与儒、释抗衡。

其二，生命关怀。

《老子》第 44 章曰："名与身孰亲？身与货孰多？得与亡孰病？甚爱必大费，多藏必厚亡。"该章阐明了老子对生命的珍视。道教本是一种贵生

---

① 《重阳全真集》卷一，《迟法师注道德经》。
② 熊铁基：《试论王重阳的全真思想》，《世界宗教研究》，2008 年第 2 期。

的宗教，道教学者在诠释《老子》时，更是将生命的价值上升到终极信仰的高度，由此体现出强烈的生命关怀精神。道教老学弘扬"生道合一"的哲学思想，强调了生命价值的三个原则：（1）生命平等原则。老子主张"天道无亲"，故"以道观之，物无贵贱"①。那么，人的生命也是平等的，没有贵贱之分："圣人虚怀，逗机利物，自他平等"②"自他平等，贵贱不殊"③；没有高下之别："修行之人，知一切众生与己同体，不见愚智之剔、等差一类也"④；也没有凡圣之殊："以圣导凡，劝令修学，令明凡圣平等"⑤。（2）生命主体原则。早期道教经典《老子想尔注》在解释《老子》第25章时将经文改为："道大，天大，地大，生大。域中有四大，而生处一。"并解释云："四大之中，所以令生处一者，生，道之别体也。"人的生命即是道的呈现形式，所以在道家看来，贵生与体道具有内在的一致性，人与其他万物的不同之处也在于此，即人可以通过主动求道、体道、得道的方式去认识生命的价值，这也就是人的生命主体性的具体反映。人是能够积极主动地把握生命的意义的，对此，道家道教的经典反复加以强调，如严遵《老子指归》提出了"伺命在我，何求于天"的思想，《太平经》则说："人命近在汝身，何为叩心仰呼天乎？有身不自清，当清谁乎？有身不自爱，当爱谁乎？有身不自成，当成谁乎？有身不自念，当念谁乎？有身不自责，当责谁乎？"⑥都是强调要从自身出发去探求生命的真谛，而不必依赖于外在的条件。这一思想后来更被道教具体概括为"我命在我，不属于天"的经典表述，激励着人们不断去探索生命的奥妙。（3）生命至上原则。如《河上注》指出"天地生万物，人最为贵"⑦，范应元曰："人为万物之灵，与天地并立而为三才，身任斯道，则人实亦大矣。"⑧人最为贵为大，也就是说，生命的价值在天地之间是至高无上的。此外，宋

---

① 《庄子·秋水》。
② 熊铁基、陈红星主编：《老子集成》第一卷，第288页。
③ 熊铁基、陈红星主编：《老子集成》第一卷，第317页。
④ 熊铁基、陈红星主编：《老子集成》第一卷，第318页。
⑤ 熊铁基、陈红星主编：《老子集成》第一卷，第307页。
⑥ 王明：《太平经合校》，中华书局1960年版，第527页。
⑦ 熊铁基、陈红星主编：《老子集成》第一卷，第139页。
⑧ 熊铁基、陈红星主编：《老子集成》第四卷，第413页。

元明清时期出现了一批以丹道解《老》的著作，追求对生命的超越，而其中所蕴涵的内在理念仍然是生命至上。

其三，积极入世。

老子思想本来就包含"君人南面之术"的内容，历史上许多道士又曾为帝王师，因此，道教学者解《老》时大都注意从现实政治的层面加以发挥，将理身与理国有机地结合起来。如唐末杜光庭对《老子》之宗意共列出了三十八条，第一条便是"教以无为理国"①。北宋陈景元宣称他的解《老》宗旨为："此经以重玄为宗，自然为体，道德为用，其要在乎治身治国。"②宋元之际的杜道坚亦将老子思想解释成一套"皇道帝德之术"，他认为："老圣作玄经，所以明皇道帝德也。"③他明确宣称："玄经之旨，本为君上告。君上，天下之师长也。上有所好，下必从之。"④杜道坚认为老子之学是积极入世的，山林之士也不应该逍遥于方外之域："大丈夫有志当世，致君泽民，要不拘仕隐，修辞立诚，道在其中矣。"⑤。明清以来，像陆西星、李西月、黄裳等道士，虽然借《老子》而大谈丹道，但同样没有忽视《老子》中的治世思想，认为老子之道决非"寂灭无为"，老子思想是大有可为的，黄裳的看法颇具代表性："道德一经，原是四通八达，修身在此，治世在此，推之天下万事万物，亦无有出此范围者。"⑥道教学者对《老子》的这种认识，正反映出道教充满现实关怀的优良传统。

---

① 熊铁基、陈红星主编：《老子集成》第二卷，第 7 页。
② 熊铁基、陈红星主编：《老子集成》第二卷，第 576 页。
③ 熊铁基、陈红星主编：《老子集成》第五卷，第 485 页。
④ 熊铁基、陈红星主编：《老子集成》第五卷，第 485 页。
⑤ 熊铁基、陈红星主编：《老子集成》第五卷，第 499 页。
⑥ 熊铁基、陈红星主编：《老子集成》第十一卷，第 88 页。

第四节　老子思想的世界性影响

　　《老子》是被译成外文版本和语种最多的中国典籍，当今在世界范围内越来越受到重视。尼采说："《道德经》像一个永不枯竭的井泉，满载宝藏，放下汲桶，唾手可得。"[①] 李约瑟说："中国如果没有道家，就像大树没有根一样。"[②] 汤川秀树指出："早在二千多年前，老子就已经预见到了今天人类文明的状况，甚至已经预见到了未来人类文明所将达到的状况。"[③] 国外哲学家、科学家对《道德经》的高度评价，显示出《道德经》的世界性影响。

　　据朝鲜史籍《三国史记》记载，3世纪时，《老子》开始在百济、新罗社会中传播。到7世纪，读老庄之书，已在新罗贵族子弟中蔚为风尚[④]。在日本，古天皇圣德太子所撰《三经义疏》已明确征引《老子》，由此可知《老子》传入日本的时间不晚于隋朝。平安朝初期所编输入日本的中国典籍总目《日本国见在书目录》，收有《老子》注疏二十余种，则知《老子》在当时已流传甚广。而日本现存最古的《老子》写本，是奈良圣语藏的《老子河上公章句》下卷，书写于镰仓时代。德川时代（1603-1867）日本学者已开始为《老子》作注，该时期有代表性的老学著作有东条一堂的《老子王注标识》和大田晴轩的《老子全解》。以后中井履轩的《老子雕题》也是一部颇有学术见解的著作。《老子》传入西方世界始于比利时传教士卫方济（FranciscusNoel）（1651—1729）的拉丁文译本，1842年儒莲（StanislasJulien）在巴黎出版了《老子》的法文译本。1868年，伦敦图伯纳出版社出版了英籍传教士湛约翰（JohnChalmers）的《老子玄学、政治与道德的思辨》（TheSpeculationsonMetaphysics,PoliticsandMoralityof"TheOldPhilosopher",Lau-tsze），这也是第一个《老子》英译本。1870年维克多·施特劳斯（VictorStrauss）的《老子》德文译本问世。

[①] 转引自陈鼓应：《老子注译及评介》，中华书局1984年版，第48页。
[②] 李约瑟著，陈立夫等译：《中国古代科学思想史》，江西人民出版社1999年版，第186页。
[③] 汤川秀树著，周林东译：《创造力和直觉——一个物理学家对东西方的考察》，复旦大学出版社1987年版，第46页。
[④] 张泽洪：《道教在朝鲜的传播和影响》，《中国道教》1995年第2期。

20 世纪以来，西方世界对《老子》日益重视。保罗·卡鲁斯（Paul Carus）、理雅各（James Legge）、亚瑟·韦利（Arthur Waley）、葛瑞汉（Angus Charles Graham）、柏夷（Stephen Bokenkamp）、韩禄伯（Robert Henricks）、安乐哲（Roger T. Ames）等英美汉学家的老子研究以及卫礼贤（Richard Wilhelm）、瓦格纳（Rudolf G. Wagner）、海德格尔（Martin Heidegger）等德国汉学、哲学大家的老学成就都值得重视。1989 年，荷兰尼梅根大学克努特·沃尔夫（Knut Walf）教授对《老子》西文译本总数有具体统计：从 1816 年到 1988 年的 172 年间有 252 种译本问世，涉及 17 种欧洲文字，其中丹麦文本 6 种、德文本 64 种、英文本 83 种、世界语本 1 种、芬兰文本 3 种、法文本 33 种、冰岛文本 2 种、意大利文本 11 种、荷兰文本 19 种、波兰文本 4 种、葡萄牙文本 1 种、俄文本 4 种、瑞典文本 4 种、西班牙文本 10 种、捷克文本 3 种、匈牙利文本 4 种①。近现代以来，日本对老子的研究发展到一个新的阶段，武内义雄《老子原始》与《老子的研究》、津田左右吉《老子研究法》、木村英一《老子的新研究》、岛邦男《老子校正》等是代表性的成果。当前，《老子》的世界性影响不断扩大，据美国邰谧侠（Misha Tadd）博士的最新统计，自儒莲 1842 年出版《老子》的法文译本至今，全世界的《老子》译本已达 1548 种，涉及 78 种语言，包括英文 441 种，德文 157 种，韩文 101 种，西班牙文 95 种，法文 91 种，日文 62 种，荷兰文 58 种，意大利文 57 种，俄文 41 种，希伯来文 18 种，希腊文 17 种，等等。这么多译本表明了《老子》的国际性，《老子》翻译可以有着无限的可能性②。

老子思想在海外的传播与研究表明，《老子》是真正具有世界性影响的中国经典，它所蕴含的思想智慧，如道法自然的哲学宗旨，无为而治的政治理念，上善若水的人生态度，知止不殆的处事原则，以德报怨的应世情怀，等等，完全可以和现代社会相适应。这些思想具有跨越历史，连接现实，面向未来，走向世界的恒久价值。全面梳理《老子》所蕴含的思想价值与历史影响，对提高中华民族的文化自觉与文化自信具有重大意义。

① 吴雪萌：《英语世界老学研究》，华中师范大学出版社 2016 年版，第 10~11 页。
② 邰谧侠：《〈老子〉的全球化和新老学的成立》，《中国哲学史》2018 年第 2 期。

老 子

老子 著　　刘固盛 注释

道　经

第一章

道可道，非常道，名可名，非常名。无名，天地之始；有名，万物之母。故常无欲①，以观其妙；常有欲②，以观其徼③。此两者④，同出而异名，同谓之玄。玄之又玄，众妙之门⑤。

【注释】

①无欲：内心寂然不动。

②有欲：内心意念发起。

③徼：边际。陆德明《老子音义》："徼，边也。"

④两者：王弼注："始与母也。"两者亦可指无名与有名，"同出而异名"的意思则是无名与有名都由来描述道，两者同出于道而名称不同。

⑤众妙之门：对"道"的形容，指宇宙万物一切变化的总门。

第二章

天下皆知美之为美，斯恶已；皆知善之为善，斯不善已。故有无相生，难易相成，长短相较，高下相倾，音声相和，前后相随。是以圣人①处无为②之事，行不言之教③。万物作焉而不辞④，生而不有，为而不恃，功成而弗居⑤。夫唯弗居，是以不去。

【注释】

①圣人：指有道的人。

②无为：顺其自然而不妄为。

③不言之教：不用言辞、潜移默化的教导。

④不辞：不加干扰。

⑤弗居：不自居其功。

第三章

不尚贤，使民不争；不贵难得之货，使民不为盗；不见可欲，使民心不乱。是以圣人之治，虚其心①，实其腹，弱其志②，强其骨③。常使民无知无欲，使夫知者④不敢为也。为无为⑤，则无不治。

【注释】

①虚其心：使心思简化。

②弱其志：使志气削弱。

③强其骨：使筋骨强健。

④知者：指自作聪明的人。

⑤为无为：用无为的原则去治理。

第四章

道冲①而用之，或不盈。渊兮②似万物之宗③。挫其锐，解其纷，和其光④，同其尘⑤。湛兮⑥似若存。吾不知谁之子，象帝⑦之先。

【注释】

①冲：虚。

②渊兮：深沉莫测的样子。

③宗：根本。

④和其光：含光藏辉。

⑤同其尘：与尘垢混同。

⑥湛兮：无形无影的样子。

⑦帝：天帝。

第五章

天地不仁①，以万物为刍狗②；圣人不仁，以百姓为刍狗③。天地之间，其犹橐龠④乎？虚而不屈，动而愈出。多言数⑤穷，不如守中⑥。

【注释】

①不仁：没有偏爱。

②以万物为刍狗：听任万物自然生长。刍狗：用草扎成的狗，祭祀的时候使用。

③以百姓为刍狗：任凭百姓自然发展。

④橐龠：风箱。

⑤数：加速。吴澄注："数，犹速也。"

⑥守中：持守虚静。

第六章

谷神①不死，是谓玄牝②。玄牝之门，是谓天地根③。绵绵若存，用之不勤④。

【注释】

①谷神：对道的形容，谷形容其虚空，神指变化莫测。河上注则把谷神解释为"养神"。

②玄牝：指万物之母。

③天地根：指天地之始。

④不勤：不尽。

第七章

天长地久，天地所以能长且久者，以其不自生①，故能长生②。是以圣人后其身而身先，外其身而身存。非以其无私耶？故能成其私③。

【注释】

①不自生：不为自己。王弼注："不自生则物归也。"

②长生：长久。

③成其私：成全自己。

第八章

上善若水，水善利万物而不争，处众人之所恶，故几①于道。居善地②，心善渊，与善仁，言善信，正③善治，事善能，动善时。夫惟不争，故无尤④。

【注释】

①几：近

②居善地：处于卑下之地，低调。

③正：通"政"，为政。

④尤：过失。

第九章

持而盈之，不如其已①；揣而锐之②，不可长保。金玉满堂，莫之能守；富贵而骄，自遗其咎。功遂③身退，天之道。

【注释】

①已：止。

②揣而锐之：磨得尖利有锋芒。

③功遂：事业成功。

第十章

载营魄①，抱一②能无离乎？专气致柔，能婴儿乎？涤除玄览③，能无疵乎？爱民治国，能无知乎？天门④开阖，能为雌⑤乎？明白四达，能无为乎？生之畜之，生而不有，为而不恃，长而不宰，是谓玄德。

【注释】

①载营魄：载，语气助词。营魄，即魂魄。

②抱一：魂与魄合一。

③玄览：虚静观察。览，马王堆帛书本作"鉴"。

④天门：指人身与外界接触的感官。

⑤为雌：守静。

第十一章

三十辐共①一毂，当其无②，有车之用；埏埴③以为器，当其无，有器之用；

凿户牖以为室，当其无，有室之用。故有之以为利，无之以为用。

【注释】

①共：通"拱"，集中的意思。

②无：指车毂的虚处。

③埏埴：埏，和。埴，陶土。

第十二章

五色令人目盲，五音令人耳聋，五味令人口爽^①，驰骋田猎令人心发狂，难得之货令人行妨^②。是以圣人为腹不为目，故去彼取此^③。

【注释】

①口爽：口伤，爽为伤、败的意思。

②行妨：损害他人的行为。

③去彼取此：去掉外在之幻，保留内在之真。

第十三章

宠辱若惊，贵大患若身^①。何谓宠辱若惊？宠为下^②，得之若惊，失之若惊，是谓宠辱若惊。何谓贵大患若身？吾所以有大患者，为吾有身，及吾无身^③，吾有何患？故贵以身为天下，则可以寄天下；爱以身为天下，则可以托天下。

【注释】

①贵大患若身：重视自己的身体好像重视大的祸患。

②下：卑下。

③无身：不挂念自身，不过于在意自己。王夫之注："惟无身者，以耳任耳，不为天下听；以目任目，不为天下视；吾之耳目静，而天下之视听不荧，惊患去已，而消于天下，是以百姓履籍而不倾。"

第十四章

视之不见名曰夷^①，听之不闻名曰希，搏之不得名曰微。此三者，不可致诘，故混而为一。其上不皦②，其下不昧③。绳绳④不可名，复归于无物。是谓无状之状，无物之象，是谓惚恍。迎之不见其首，随之不见其后。执古之道，以御今之有。能知古始，是谓道纪⑤。

【注释】

①夷：微小，难以感触。下面的希、微意思与之相似，三个字都是形容道微妙而不可捉摸。

②皦：明亮。

③昧：昏暗。

④绳绳：渺茫、不清楚的样子。

⑤道纪：道的纲纪，也就是道的规律。

第十五章

古之善为士者，微妙玄通，深不可识。夫惟不可识，故强为之容：豫①兮若冬涉川，犹②兮若畏四邻，俨③兮其若客④，涣兮若冰之将释，敦兮其若朴，旷兮其若谷，浑兮其若浊。孰能浊以静之徐清？孰能安以久动之徐生？保此道者，不欲盈。夫惟不盈，故能蔽不新成⑤。

【注释】

①豫：迟疑、谨慎的样子。

②犹：警觉的样子。

③俨：拘谨端正。吴澄注："俨：矜庄貌。"

④客：王弼本作"容"，据马王堆帛书本改。

⑤不新成：能够保持着道的状态。

第十六章

致虚极，守静笃。万物并作①，吾以观复②。夫物芸芸，各复归其根。归根曰静，是曰复命，复命曰常③，知常曰明。不知常，妄作凶。知常容，容乃公，公乃王④，王乃天⑤，天乃道，道乃久，没身不殆。

【注释】

①作：生长。

②复：指万物循环往复。

③常：永恒的道理。

④王：治理国家。

⑤天：遵循自然。

第十七章

太上①，下知有之；其次，亲而誉之；其次，畏之；其次，侮之。信不足焉，有不信焉，悠兮②其贵言③。功成事遂，百姓皆谓我自然④。

【注释】

①太上：指最好的统治者。

②悠兮：悠闲的样子。

③贵言：以自己的言语为贵，不随意发号施令。

④自然：自己如此。

第十八章

大道废，有仁义；智慧出，有大伪；六亲①不和，有孝慈；国家昏乱，有忠臣。

【注释】

①六亲：指父、子、兄、弟、夫、妇。

第十九章

绝圣①弃智②，民利百倍；绝仁弃义，民复孝慈；绝巧弃利，盗贼无有。此三者，以为文③不足，故令有所属。见素抱朴，少私寡欲。

【注释】

①圣：聪明。

②智：智巧。

③文：指文教、理论。

第二十章

绝学①无忧。唯②之与阿③，相去几何？善之与恶，相去何若？人之所畏，不可不畏。荒兮其未央④哉。众人熙熙⑤，如享太牢⑥，如春登台。我独泊兮其未兆，如婴儿之未孩，傫傫⑦兮若无所归。众人皆有余，而我独若遗。我愚人之心也哉，沌沌兮。俗人昭昭，我独若昏；俗人察察，我独闷闷。澹兮其若海，飂⑧兮若无止。众人皆有以⑨，而我独顽似鄙。我独异于人，而贵食母⑩。

【注释】

①学：指智巧货利之学。

②唯：应答的声音。

③阿：呵斥的声音。

④未央：还没有完结。

⑤熙熙：形容兴高采烈。

⑥太牢：古代帝王祭祀社稷时所用的祭品，如牛、羊、豕等。

⑦傫傫：疲倦的样子。任继愈注："傫，通'累'。"

⑧飂：急风。

⑨以：有为。

⑩母：指道。

第二十一章

孔①德之容，唯道是从。道之为物，唯恍唯惚②。惚兮恍兮，其中有象；恍兮惚兮，其中有物。窈兮冥兮③，其中有精，其精甚真，其中有信。自古及今，其名不去，以阅众甫④。吾何以知众甫之状哉？以此。

【注释】

①孔：大。

②唯恍唯惚：不清楚的样子。

③窈兮冥兮：深远幽暗。

④众甫：万物的开始。王弼注："众甫，物之始也。"

第二十二章

曲则全，枉①则直，窪则盈，弊则新，少则得，多则惑。是以圣人抱一②为天下式。不自见③，故明；不自是，故彰，不自伐④，故有功；不自矜⑤，故长。夫唯不争，故天下莫能与之争。古之所谓曲则全者，岂虚言哉？诚全而归之。

【注释】

①枉：弯曲。

②抱一：守道。

③自见："见"通"现"，自我标榜。

④自伐：自我夸耀。

⑤自矜：自高自大。

第二十三章

希言①自然。故飘风②不终朝，骤雨不终日。孰为此者？天地。天地尚不能久，而况于人乎？故从事于道者，道者同于道，德者同于德，失者同于失。同于道者，道亦得之；同于德者，德亦得之；同于失者，失亦得之。信不足，有不信。

【注释】

①希言：少说话。蒋锡昌注："希言自然，谓圣人应行无为之治，而任百姓自成也。"

②飘风：大风。

第二十四章

跂①者不立，跨②者不行。自见者不明，自是者不彰，自伐者无功，自矜者不长。其在道也，曰余食赘行③。物或恶之，故有道者不处。

【注释】

①跂：抬起脚跟。

②跨：迈大步。

③余食赘行：剩饭赘瘤。

第二十五章

有物混成，先天地生。寂兮寥兮，独立而不改，周行而不殆①，可以为天下母②。吾不知其名，字之曰道，强为之名曰大。大曰逝，逝曰远，远曰反。故道大，天大，地大，王亦大。域中有四大，而王居其一焉。人法地，地法天，天法道，道法自然③。

【注释】

①殆：停止。

②天下母：天地万物的根源。

③道法自然：道任其自然。法，遵循。自然，指自己如此。河上注："道性自然，无所法也。"王弼注："道不违自然，乃得其性。"

第二十六章

重为轻根，静为躁君。是以圣人终日行不离辎重①。虽有荣观②，燕处③超然。如何万乘之主④，而以身轻天下。轻则失本，躁则失君⑤。

【注释】

①辎重：军中携带的粮食和装备。

②荣观：奢华的地方。

③燕处：悠闲地居住。

④万乘之主：指大国的君主。

⑤失君：失去为君之道。王弼注："失君为失君位也。"

第二十七章

善行无辙迹，善言无瑕谪①，善数不用筹策②，善闭无关楗而不可开，善结无绳约而不可解。是以圣人常善救人，故无弃人，常善救物，故无弃物。是谓袭明③。故善人者，不善人之师；不善人者，善人之资。不贵其师，不爱其资，虽智大迷，是谓要妙④。

【注释】

①瑕谪：缺点。

②筹策：古时计数用的筹码。

③袭明：隐藏的聪明。

④要妙：深奥玄妙。

第二十八章

知其雄，守其雌，为天下谿①。为天下谿，常德不离，复归于婴儿。知其白，守其黑，为天下式②。为天下式，常德不忒③，复归于无极。知其荣，守其辱，为天下谷。为天下谷，常德乃足，复归于朴。朴散则为器，圣人用之则为官长，故大制④不割。

【注释】

①谿：溪涧。

②式：楷式。

③忒：差错。

④大制：完善的制度。

第二十九章

将欲取天下而为之，吾见其不得已。天下神器，不可为也。为者败之，执者失之。故物或行或随，或歔①或吹，或强或羸②，或挫③或隳④。是以圣人去甚，去奢，去泰⑤。

【注释】

①歔，缓缓吐气。

②羸：瘦弱。

③挫：小损。

④隳：毁坏。

⑤泰：过度。

第三十章

以道佐人主者，不以兵强天下，其事好还①。师之所处，荆棘生焉。大军之后，必有凶年。善有果②而已，不敢以取强。果而勿矜，果而勿伐，果而勿骄，果而不得已，果而勿强。物壮则老，是谓不道，不道早已③。

【注释】

①还：反应，报应。

②果：达到目的。

③已：消亡。

第三十一章

夫佳①兵者，不祥之器，物或恶之，故有道者不处。君子居则贵左，用兵则贵右。兵者，不祥之器，非君子之器，不得已而用之，恬淡②为上。胜而不美，而美之者，是乐杀人。夫乐杀人者，则不可以得志于天下矣。吉事尚左，凶事尚右。偏将军居左，上将军居右，言以丧礼处之③。杀人之众，以悲哀泣之。战胜，以丧礼处之。

【注释】

①佳：当作"唯"，发语词。马王堆帛书本作"兵者不祥之器"，没有"佳"字。

②恬淡：安静。

③以丧礼处之：战争要按照丧礼的方式来对待。

第三十二章

道常无名，朴虽小，天下莫能臣也。侯王若能守之，万物将自宾①。天地相合，以降甘露，民莫之令而自均。始制有名②，名亦既有，夫亦将知止。知止所以不殆。譬道之在天下，犹川谷之与江海。

【注释】

①宾：服从。

②有名：指名分。

第三十三章

知人者智，自知者明。胜人者有力，自胜者强。知足者富，强行①者有志。不失其所②者久，死而不亡③者寿。

【注释】

①强行：勤勉而行。

②不失其所：不失去自己的根基。

③死而不亡：身虽死名犹在。

第三十四章

大道汜①兮，其可左右。万物恃之而生而不辞②，功成不名有。衣养③万物而不为主，常无欲，可名于小；万物归焉而不为主，可名为大。以其终不自为大，故能成其大。

【注释】

①汜：同"泛"。

②辞：推辞。

③衣养：养育。

第三十五章

执大象①，天下往。往而不害，安平太。乐与饵②，过客止。道之出口③，淡乎其无味。视之不足见，听之不足闻，用之不足既④。

【注释】

①大象：指道。

②饵：食物。

③道之出口：对道的表述。

④既：尽。

第三十六章

将欲翕①之，必固张之；将欲弱之，必固强之；将欲废之，必固兴之；将欲夺之，必固与之。是谓微明②。柔弱胜刚强。鱼不可脱于渊，国之利器③，不可以示人。

【注释】

①翕：收敛。

②微明：含而不露的智慧。

③利器：治国的权道。

第三十七章

道常无为而无不为，侯王若能守之，万物将自化①。化而欲作②，吾将镇之以无名之朴。无名之朴，夫亦将无欲。不欲以静，天下将自定。

【注释】

①化：归顺。

②作：作为，有为。

德　经

第三十八章

上德不德①，是以有德，下德不失德②，是以无德。上德无为而无以为③，下德为之而有以为④。上仁为之而无以为，上义为之而有以为。上礼为之而莫之应，则攘臂而仍⑤之。故失道而后德，失德而后仁，失仁而后义，失义而后礼。夫礼者，忠信之薄，而乱之首。前识⑥者，道之华⑦而愚之始。是以大丈夫处其厚不居其薄，处其实不居其华，故去彼取此。

【注释】

①不德：不自以为有德。

②不失德：不刻意去表现德。

③无以为：无心而为。

④有以为：有意作为。

⑤仍：同"扔"，强行引导。

⑥前识：有先见。

⑦华：虚华。

第三十九章

昔之得一者，天得一以清，地得一以宁，神得一以灵，谷得一以盈，万物得一以生，侯王得一以为天下贞①。其致之，天无以清将恐裂，地无以宁将恐发②，神无以灵将恐歇，谷无以盈将恐竭，万物无以生将恐灭，侯王无以贵高将恐蹶③。故贵以贱为本，高以下为基。是以侯王自谓孤、寡、不谷，此非以贱为本邪？非乎？故致数誉无誉④，不欲琭琭⑤如玉，珞珞⑥如石。

【注释】

①贞：同"正"。

②发：震动。

③蹶：跌倒。

④数誉无誉：过分追求荣誉反而得不到荣誉。

⑤琭琭：形容美玉的华丽。

⑥珞珞：形容石头的坚实。

第四十章

反①者道之动，弱者道之用。天下万物生于有，有生于无。

【注释】

①反：有两义：其一，反复，循环。其二，相反。两义均可通。

第四十一章

上士闻道，勤而行之；中士闻道，若存若亡；下士闻道，大笑之，不笑不足以为道。故建言①有之：明道若昧，进道若退，夷②道若颣③。上德若谷，大白若辱④，广德若不足。建⑤德若偷⑥，质真若渝⑦，大方无隅，大器晚成，大音希声，大象无形，道隐无名。夫惟道，善贷⑧而自成。

【注释】

①建言：古代的哲言。

②夷：平坦。

③颣：不平。

④辱：黑垢。

⑤建：刚健。

⑥偷：懈怠。

⑦渝：变得污浊。

⑧贷：帮助。

第四十二章

道生一①，一生二②，二生三③，三生万物。万物负阴而抱阳，冲气以为和。人之所恶，唯孤寡不谷，而王公以为称。故物或损之而益，或益之而损。人之所教，我亦教之。强梁^④者，不得其死。吾将以为教父^⑤。

【注释】

①一：混沌一气。

②二：阴阳二气。

③三：和清浊三气。河上注："阴阳生和清浊三气，分为天地人也。"三亦可解释为"和气"。李约注："三者，阴阳相感通而生和气也。"

④强梁：强暴。

⑤教父：教导的开始。

第四十三章

天下之至柔，驰骋天下之至坚。无有^①入无间，吾是以知无为之有益。不言之教，无为之益，天下希^②及之。

【注释】

①无有：无形之物。

②希：稀少。

第四十四章

名与身孰亲？身与货孰多？得与亡^①孰病？是故甚爱必大费^②，多藏必厚亡。知足不辱，知止不殆^③，可以长久。

【注释】

①得与亡：指得到名利，失去生命。

②甚爱必大费：过分爱惜反而会耗费更多。

③知止不殆：知道适可而止就没有危险。

第四十五章

大成若缺，其用不弊。大盈若冲^①，其用不穷。大直若屈，大巧若拙，大辩若讷^②。躁胜寒，静胜热，清静为天下正。

【注释】

①冲：同第4章"道冲而用之"之"冲"，虚的意思。

②讷：不善言辞。

第四十六章

天下有道，却①走马以粪②；天下无道，戎马③生于郊④。罪莫大于可欲⑤，祸莫大于不知足，咎莫大于欲得。故知足之足，常足矣。

【注释】

①却：退回。

②粪：耕种。

③戎马：战马。

④郊：指两国相交的地方，即指战场。

⑤罪莫大于可欲：该句王弼本脱，据帛书甲、乙本补。

第四十七章

不出户，知天下；不窥牖，见天道。其出弥远，其知弥少。是以圣人不行而知，不见而名①，不为而成。

【注释】

①名：通"明"。

第四十八章

为学日益，为道①日损。损之又损，以至于无为，无为而无不为。取②天下，常以无事③，及其有事，不足以取天下。

【注释】

①为道：体道，修道。

②取：治理。

③无事：即无为。

第四十九章

圣人无常心，以百姓心为心。善者吾善之，不善者吾亦善之，德善。信者吾信之，不信者吾亦信之，德信。圣人在天下歙歙①，为天下浑其心②。百姓皆注其耳目③，圣人皆孩之。

【注释】

①歙歙：小心谨慎。范应元注："歙，收敛也。"

②浑其心：使人心回归纯朴。

③注其耳目：各用聪明。

第五十章

出生入死，生之徒十有三①，死之徒十有三，人之生动之死地十有三。夫何故？以其生生之厚②。盖闻善摄生者，陆行不遇兕③虎，入军不被甲兵。兕无所投其角，虎无所措其爪，兵无所容其刃。夫何故？以其无死地。

【注释】

①十有三：十分之三。

②生生之厚：过度养生。

③兕：犀牛。

第五十一章

道生之，德畜①之，物形之，势②成之，是以万物莫不尊道而贵德。道之尊，德之贵，夫莫之命而常自然。故道生之，德畜之，长之育之，亭之毒之③，养之覆之。生而不有，为而不恃，长而不宰，是谓玄德。

【注释】

①畜：养育。

②势：时势。一说指环境。马王堆帛书本作"器"。

③亭之毒之：即"成之熟之"。

第五十二章

天下有始，以为天下母①。既知其母，以知其子；既知其子，复守其母，没身不殆。塞其兑②，闭其门③，终身不勤④；开其兑，济其事，终身不救。见小曰明，守柔曰强。用其光，复归其明，无遗身殃，是谓习常⑤。

【注释】

①母：即道。

②塞其兑：堵塞欲念的孔穴。

③闭其门：关闭欲念的门户。

④勤：通"瘅"，病。

⑤习常：承袭常道。"习"通"袭"。

第五十三章

使我介然①有知，行于大道，唯施②是畏。大道甚夷③，而民好径④。朝⑤甚除⑥，田甚芜，仓甚虚。服文采，带利剑，厌⑦饮食，财货有余，是谓盗夸，非道也哉。

【注释】

①介然：坚固的样子，表示确信。

②施：斜路。

③夷：平坦。

④径：小路。

⑤朝：宫室。

⑥除：整洁。

⑦厌：饱足。

第五十四章

善建者不拔，善抱者不脱，子孙祭祀不辍①。修之于身，其德乃真；修之于家，其德乃余；修之于乡，其德乃长②；修之于国，其德乃丰；修之于天下，其德乃普。故以身观身，以家观家，以乡观乡，以国观国，以天下观天下。吾何以知天下之然哉？以此。

【注释】

①辍：停止。

②长：推崇。林希逸注："长：尊也。"

第五十五章

含德之厚，比于赤子。蜂虿虺①蛇不螫，猛兽不据，攫鸟②不搏。骨弱筋柔而握固，未知牝牡之合而脧③作，精之至也。终日号而不嗄④，和之至也。知和曰常，知常曰明。益生曰祥⑤，心使气曰强。物壮则老，是谓不道，不道早已。

【注释】

①虿虺：虿，蝎子一类的毒虫。虺：一种毒蛇。

②攫鸟：凶猛的鸟。

③脧：婴儿的生殖器。王弼本作"全"，据帛书本改。

④嗄：久哭而声哑。

⑤祥：妖祥，灾殃。

第五十六章

知者不言，言者不知。塞其兑，闭其门，挫其锐，解其纷①，和其光，同其尘，是谓玄同②。故不可得而亲，不可得而疏，不可得而利，不可得而害，不可得而贵，不可得而贱，故为天下贵。

【注释】

①纷：王弼本作"分"，但第四章作"纷"，帛书本亦作"纷"，据改。

②玄同：指道的境界玄妙和同。

第五十七章

以正①治国，以奇②用兵，以无事取天下。吾何以知其然哉？以此。天下多忌讳③，而民弥贫；民多利器，国家滋昏；人多伎巧，奇物滋起；法令滋彰，盗贼多有。故圣人云：我无为而民自化，我好静而民自正，我无事而民自富，我无欲而民自朴。

【注释】

①正：正道。

②奇：奇巧。

③忌讳：禁令。

第五十八章

其政闷闷①，其民淳淳；其政察察②，其民缺缺③。祸兮福之所倚，福兮祸之所伏。孰知其极？其无正。正复为奇，善复为妖。民之迷，其日固久。是以圣人方而不割，廉④而不刿⑤，直而不肆，光而不耀。

【注释】

①闷闷：宽厚。

②察察：苛严。

③缺缺：狡诈。

④廉：棱角。

⑤刿：划伤。

第五十九章

治人事天莫若啬①。夫唯啬，是谓早服②，早服谓之重积德，重积德则无不克，无不克则莫知其极，莫知其极可以有国，有国之母③可以长久，是谓深根固柢，长生久视之道。

【注释】

①啬：爱惜精力。

②早服：早作准备。

③母：指治国的根本。

第六十章

治大国，若烹小鲜①。以道莅②天下，其鬼不神③。非其鬼不神，其神不伤人；非其神不伤人，圣人亦不伤人。夫两不相伤，故德交归焉。

【注释】

①小鲜：小鱼。

②莅：临。

③神：起作用，显灵。

第六十一章

大国者下流，天下之交①，天下之牝②。牝常以静胜牡③，以静为下。故大国以下小国，则取小国；小国以下大国，则取大国。故或下以取，或下而取。大国不过欲兼畜人，小国不过欲入事人。夫两者各得其所欲，大者宜为下。

【注释】

①交：归顺。

②牝：雌性。

③牡：雄性。

第六十二章

道者，万物之奥①，善人之宝，不善人之所保。美言可以市，尊行可以加人。人之不善，何弃之有？故立天子，置②三公，虽有拱璧以先驷马③，不如坐进此道。古之所以贵此道者何？不曰求以得，有罪以免邪？故为天下贵。

【注释】

①奥：深藏。

②置：设置。

③驷马：四匹马驾的车。

第六十三章

为无为，事无事，味无味。大小多少①，报怨以德。图②难于其易，为大于其细。天下难事必作于易，天下大事必作于细。是以圣人终不为大，故能成其大。夫轻诺必寡信，多易必多难。是以圣人犹难之③，故终无难矣。

【注释】

①大小多少：大由小长成，多由少积聚。

②图：计划，谋划。

③难之：从难处考虑。

第六十四章

其安易持，其未兆易谋①，其脆易泮②，其微易散。为之于未有，治之于未乱。合抱之木，生于毫末；九层之台，起于累③土；千里之行，始于足下。为者败之，执者失之。是以圣人无为故无败，无执故无失。民之从事，常于几成④而败之。慎终如始，则无败事。是以圣人欲不欲，不贵难得之货；学不学，复⑤众人之所过，以辅万物之自然而不敢为。

【注释】

①未兆易谋：征兆还没有出现的时候容易谋划。

②泮：破损。

③累：堆积。

④几成：差不多成功。

⑤复：补救。

第六十五章

古之善为道者，非以明民，将以愚①之。民之难治，以其智②多。故以智治国，国之贼；不以智治国，国之福。知此两者亦稽式③，常知稽式是谓玄德。玄德深矣远矣，与物反④矣，然后乃至大顺。

【注释】

①愚：质朴。河上注："以道德教民，使质朴不诈伪也。"王弼注："愚

谓无知，守真顺自然也。"范应元注："将以愚之，使淳朴不散，智诈不生也。所谓愚之者，非欺也，但因其自然，不以穿凿私意导之也。"

②智：智巧。

③楷式：法则。

④反：同"返"，回复。一说反为"相反"，亦可通。

第六十六章

江海所以能为百谷王者，以其善下之，故能为百谷王。是以圣人欲上民，必以言下之；欲先民，必以身后之。是以圣人处上而民不重①，处前而民不害，是以天下乐推而不厌。以其不争，故天下莫能与之争。

【注释】

①重：负担。

第六十七章

天下皆谓我道大，似不肖①。夫唯大，故似不肖。若肖，久矣其细②也夫。我有三宝，持而保之。一曰慈，二曰俭，三曰不敢为天下先。慈，故能勇；俭，故能广；不敢为天下先，故能成器长③。今舍慈且勇，舍俭且广，舍后且先，死矣。夫慈，以战则胜，以守则固。天将救之，以慈卫之。

【注释】

①不肖：不像。

②久矣其细：早就变得细小了。王弼注："久矣其细，犹曰其细久矣。"

③器长：万物的首领。

第六十八章

善为士①者不武，善战者不怒，善胜者不与②，善用人者为之下。是谓不争之德，是谓用人之力，是谓配天古之极③。

【注释】

①士：指将帅。

②不与：不争。

③配天古之极：符合天道的准则。

第六十九章

用兵有言：吾不敢为主①而为客②，不敢进寸而退尺。是谓行无行③，攘无臂，扔④无敌，执无兵⑤。祸莫大于轻敌，轻敌几丧吾宝⑥。故抗兵相加⑦，哀者胜矣。

【注释】

①为主：进攻。

②为客：防守。

③行：行列。

④扔：对抗。

⑤兵：兵器。

⑥宝：指老子所说的"三宝"，即慈，俭，不敢为天下先。

⑦抗兵相加：两军势均力敌。

第七十章

吾言甚易知，甚易行。天下莫能知，莫能行。言有宗，事有君①。夫唯无知，是以不我知。知我者希，则②我者贵。是以圣人被褐③怀玉。

【注释】

①君：主。

②则：取法。

③被褐：穿着粗衣。

第七十一章

知不知①，上；不知知②，病。夫唯病病③，是以不病。圣人不病，以其病病，是以不病。

【注释】

①知不知：知道自己有所不知。

②不知知：不知却自以为知。

③病病：把不知却自以为知当做病。

第七十二章

民不畏威①，则大威②至。无狎③其所居，无厌④其所生。夫惟不厌，是以不厌⑤。是以圣人自知不自见，自爱不自贵，故去彼取此。

【注释】

①威：威压。

②大威：指大的祸乱。

③狎：逼迫。

④厌：压迫。

⑤夫惟不厌，是以不厌：前"厌"字为压迫的意思，后"厌"字为厌恶的意思。

第七十三章

勇于敢①则杀，勇于不敢②则活。此两者，或利或害。天之所恶，孰知其故？是以圣人犹难之。天之道，不争而善胜，不言而善应，不召而自来，绰而善谋。天网恢恢③，疏而不失。

【注释】

①敢：刚强。

②不敢：柔弱。

③恢恢：广大的样子。

第七十四章

民不畏死，奈何以死惧之？若使民常畏死，而为奇①者，吾得执而杀之，孰敢？常有司杀者杀。夫代司杀者杀，是谓代大匠斲②。夫代大匠斲者，希

附录 《老子》

105

有不伤其手矣。

【注释】

①奇：奇诡。

②斲：砍。

第七十五章

民之饥，以其上食税之多，是以饥。民之难治，以其上之有为，是以难治。民之轻死，以其求生之厚①，是以轻死。夫唯无以生为②者，是贤于贵生。

【注释】

①求生之厚：养生过度。

②无以生为：恬淡养生。

第七十六章

人之生也柔弱，其死也坚强①。万物草木之生也柔脆，其死也枯槁。故坚强者死之徒，柔弱者生之徒。是以兵强则不胜，木强则共②。强大处下，柔弱处上。

【注释】

①坚强：身体僵硬。

②共：通"烘"，高明注："木强则烘，犹言木强则为樵者伐取，燎之于炷灶也。"王弼注张之象本作"兵"，《道藏》本作"共"，河上本、严遵本、傅奕本、吴澄本亦作"共"，据改。

第七十七章

天之道，其犹张弓与？高者抑之，下者举之，有余者损之，不足者补之。天之道损有余而补不足，人之道则不然，损不足以奉有余。孰能有余以奉天下？唯有道者。是以圣人为而不恃，功成而不处①，其不欲见②贤。

【注释】

①处：占有。

②见：显露。

第七十八章

天下莫柔弱于水，而攻坚强者莫之能胜，其无以易①之。弱之胜强，柔之胜刚，天下莫不知，莫能行。是以圣人云：受国之垢②，是谓社稷主；受国不祥，是谓天下王。正言若反③。

【注释】

①易：取代。

②垢：屈辱。

③正言若反：正面的话好像说反话似的。

第七十九章

和大怨，必有余怨，安可以为善？是以圣人执左契①，而不责②于人。有德司契③，无德司彻④。天道无亲，常与善人。

【注释】

①左契：古代刻木为契，分为左右，作为借贷的凭证。贷人者执左契，贷于人者执右契。

②责：讨债。

③有德司契：有德的人就像持左契的人那样宽容。

④无德司彻：无德的人就像掌管税收的人那样严苛。彻：周代的一种税法。

第八十章

小国寡民，使有什伯之器①而不用，使民重死②而不远徙。虽有舟舆，无所乘之；虽有甲兵，无所陈之；使民复结绳而用之。甘其食，美其服，安其居，乐其俗。邻国相望，鸡犬之声相闻，民至老死，不相往来。

【注释】

①什伯之器：各种器具。

②重死：以死为重，即以生为贵。

第八十一章

信言不美，美言不信。善者不辩，辩者不善。知者不博，博者不知。圣人不积①，既以为人②己愈有，既以与人己愈多。天之道，利而不害③；圣人之道，为而不争④。

【注释】

①不积：不存储。

②为人：帮助他人。

③利而不害：利泽万物而不加害。

④为而不争：施为而不争夺。

参考文献

[1] 郭店楚简本老子 [M]// 熊铁基,陈红星主编.老子集成:第1册.北京：宗教文化出版社, 2011.

[2] 马王堆帛书老子甲, 乙本 [M]// 熊铁基,陈红星主编.老子集成:第1册.北京：宗教文化出版社, 2011.

[3] 严遵.老子指归 [M]// 熊铁基,陈红星主编.老子集成:第1册.北京：宗教文化出版社, 2011.

[4] 河上公.老子道德经章句 [M]// 熊铁基,陈红星主编.老子集成:第1册.北京：宗教文化出版社, 2011.

[5] 王弼.老子注 [M]// 熊铁基,陈红星主编.老子集成:第1册.北京：宗教文化出版社, 2011.

[6] 唐玄宗.御制道德真经注 [M]// 熊铁基,陈红星主编.老子集成:第1册.北京：宗教文化出版社, 2011.

[7 李约.老子新注 [M]// 熊铁基,陈红星主编.老子集成:第1册.北京：宗教文化出版社, 2011.

[8] 成玄英.老子道德经开题序诀义疏 [M]// 熊铁基,陈红星主编.老子集成:第1册.北京：宗教文化出版社, 2011.

[9] 李荣.道德真经注 [M]// 熊铁基,陈红星主编.老子集成:第1册.北京：宗教文化出版社, 2011.

[10] 陆希声.道德真经传 [M]// 熊铁基,陈红星主编.老子集成:第1册.北京：宗教文化出版社, 2011.

[11] 杜光庭.道德真经广圣义 [M]// 熊铁基,陈红星主编.老子集成:

第 2 册 . 北京：宗教文化出版社，2011.

[12] 王安石 . 老子注（蒙文通辑本）[M]// 熊铁基，陈红星主编 . 老子集成：第 2 册 . 北京：宗教文化出版社，2011.

[13] 司马光 . 道德真经论 [M]// 熊铁基，陈红星主编 . 老子集成：第 2 册 . 北京：宗教文化出版社，2011.

[14] 陈景元 . 道德真经藏室纂微篇 [M]// 熊铁基，陈红星主编 . 老子集成：第 2 册 . 北京：宗教文化出版社，2011.

[15] 吕惠卿 . 道德真经传 [M]// 熊铁基，陈红星主编 . 老子集成：第 2 册 . 北京：宗教文化出版社，2011.

[16] 苏辙 . 道德真经注 [M]// 熊铁基，陈红星主编 . 老子集成：第 3 册 . 北京：宗教文化出版社，2011.

[17] 李嘉谋 . 道德真经义解 [M]// 熊铁基，陈红星主编 . 老子集成：第 3 册 . 北京：宗教文化出版社，2011.

[18] 范应元 . 老子道德经古本集注 [M]// 熊铁基，陈红星主编 . 老子集成：第 4 册 . 北京：宗教文化出版社，2011.

[19] 白玉蟾 . 道德宝章 [M]// 熊铁基，陈红星主编 . 老子集成：第 4 册 . 北京：宗教文化出版社，2011.

[20] 彭耜 . 道德真经集注 [M]// 熊铁基，陈红星主编 . 老子集成：第 4 册 . 北京：宗教文化出版社，2011.

[21] 彭耜 . 道德真经集注杂说 [M]// 熊铁基，陈红星主编 . 老子集成：第 4 册 . 北京：宗教文化出版社，2011.

[22] 林希逸 . 道德真经口义 [M]// 熊铁基，陈红星主编 . 老子集成：第 4 册 . 北京：宗教文化出版社，2011.

[23] 董思靖 . 道德真经集解 [M]// 熊铁基，陈红星主编 . 老子集成：第 4 册 . 北京：宗教文化出版社，2011.

[24] 李霖 . 道德真经取善集 [M]// 熊铁基，陈红星主编 . 老子集成：第 4 册 . 北京：宗教文化出版社，2011.

[25] 吕知常 . 道德真经讲义 [M]// 熊铁基，陈红星主编 . 老子集成：

第 4 册 . 北京：宗教文化出版社，2011.

[26] 杜道坚 . 道德玄经原旨 [M]// 熊铁基，陈红星主编 . 老子集成：第 5 册 . 北京：宗教文化出版社，2011.

[27] 杜道坚 . 玄经原旨发挥 [M]// 熊铁基，陈红星主编 . 老子集成：第 5 册 . 北京：宗教文化出版社，2011.

[28] 李道纯 . 道德会元 [M]// 熊铁基，陈红星主编 . 老子集成：第 5 册 . 北京：宗教文化出版社，2011.

[29] 邓錡 . 道德真经三解 [M]// 熊铁基，陈红星主编 . 老子集成：第 5 册 . 北京：宗教文化出版社，2011.

[30] 刘惟永 . 道德真经集义大旨 [M]// 熊铁基，陈红星主编 . 老子集成：第 5 册 . 北京：宗教文化出版社，2011.

[31] 刘惟永 . 道德真经集义 [M]// 熊铁基，陈红星主编 . 老子集成：第 5 册 . 北京：宗教文化出版社，2011.

[32] 张嗣成 . 道德真经章句训颂 [M]// 熊铁基，陈红星主编 . 老子集成：第 5 册 . 北京：宗教文化出版社，2011.

[33] 焦竑 . 老子翼·[M]// 熊铁基，陈红星主编 . 老子集成：第 6 册 . 北京：宗教文化出版社，2011.

[34] 陆西星 . 老子道德经玄览 [M]// 熊铁基，陈红星主编 . 老子集成：第 6 册 . 北京：宗教文化出版社，2011.

[35] 释德清 . 老子道德经解 [M]// 熊铁基，陈红星主编 . 老子集成：第 7 册 . 北京：宗教文化出版社，2011.

[36] 王夫之 . 老子衍 [M]// 熊铁基，陈红星主编 . 老子集成：第 8 册 . 北京：宗教文化出版社，2011.

[37] 潘静观 . 道德经妙门约 [M]// 熊铁基，陈红星主编 . 老子集成：第 9 册 . 北京：宗教文化出版社，2011.

[38] 宋常星 . 道德经讲义 [M]// 熊铁基，陈红星主编 . 老子集成：第 9 册 . 北京：宗教文化出版社，2011.

[39] 李西月 . 道德经注释 [M]// 熊铁基，陈红星主编 . 老子集成：第

10 册．北京：宗教文化出版社，2011.

[40] 黄裳．道德经讲义 [M]// 熊铁基，陈红星主编．老子集成：第 11 册．北京：宗教文化出版社，2011.

[41] 严复．老子评点 [M]// 熊铁基，陈红星主编．老子集成：第 11 册．北京：宗教文化出版社，2011.

[42] 马叙伦．老子覈诂 [M]// 熊铁基，陈红星主编．老子集成：第 12 册．北京：宗教文化出版社，2011.

[43] 高亨．老子正诂 [M]// 熊铁基，陈红星主编．老子集成：第 14 册．北京：宗教文化出版社，2011.

[44] 陈柱．老子集训 [M]// 熊铁基，陈红星主编．老子集成：第 14 册．北京：宗教文化出版社，2011.

[45] 蒋锡昌．老子校诂 [M]// 熊铁基，陈红星主编．老子集成：第 14 册．北京：宗教文化出版社，2011.

[46] 陈梦家．老子分释 [M]．北京：中华书局，2011.

[47] 任继愈．老子绎读 [M]．北京：国家图书馆出版社，2015.

[48] 高明．帛书老子校注 [M]．北京：中华书局，2004.

[49] 朱谦之．老子校释 [M]．北京：中华书局，1984.

[50] 陈鼓应．老子注译及评介 [M]．北京：中华书局，1984.

[51] 张君房．云笈七签 [M]．北京：中华书局，2003 年．

[52] 蒙文通辑．道书辑校十种 [M]．成都：巴蜀书社 2001.

[53] 熊铁基，马良怀，刘韶军．中国老学史 [M]．福州：福建人民出版社，1995.

[54] 熊铁基，刘固盛，刘韶军．中国庄学史 [M]．长沙：湖南人民出版社，2003.

[55] 熊铁基．秦汉新道家 [M]．上海：上海人民出版社，2001.

[56] 刘固盛．宋元老学研究 [M]．成都：巴蜀书社，2001 年．

[57] 刘固盛．道教老学史 [M]．武汉：华中师范大学出版社，2008.

[58] 刘固盛．老庄学文献及其思想研究 [M]．长沙：岳麓书社，

2009.

[59] 刘固盛, 刘韶军, 肖海燕. 近代中国老庄学 [M]. 福州：福建人民出版社, 2014.

[60] 饶宗颐. 老子想尔注校证 [M]. 上海：上海古籍出版社, 1991.

[61] 詹剑峰. 老子其人其书及其道论 [M]. 武汉：华中师范大学出版社, 2006.

[62] 孙以楷. 老子通论 [M]. 合肥：安徽大学出版社, 2004.

[63] 陈鼓应. 老庄新论 [M]. 上海：上海古籍出版社, 1992.

[64] 张松辉. 老子研究 [M]. 北京：人民出版社, 2006.

[65] 王明. 太平经合校 [M]. 北京：中华书局, 1960.

[66] 王明. 道家与道教思想研究 [M]. 北京：中国社会科学出版社, 1984.

[67] 任继愈主编. 中国道教史（修订本）[M]. 北京：中国社会科学出版社, 2001.

[68] 卿希泰主编. 中国道教史（修订本）[M]. 成都：四川人民出版社, 1996.

[69] 李养正. 道教经史论稿 [M]. 北京：华夏出版社, 1995.

[70] 唐明邦. 论道崇真集 [M]. 武汉：华中师范大学出版社, 2006.

[71] 胡孚琛, 吕锡琛. 道学通论：道家·道教·仙学 [M]. 北京：社会科学文献出版社, 1999.

[72] 陈撄宁. 道教与养生 [M]. 北京：华文出版社, 2000.

[73] 陈国符. 道藏源流考 [M]. 北京：中华书局, 1963.

[74] 王卡. 敦煌道教文献研究 [M]. 北京：中国社会科学出版社, 2004.

[75] 王卡. 道教经史论丛 [M]. 成都：巴蜀书社, 2007.

[76] 强昱. 从魏晋玄学到初唐重玄学 [M]. 上海：上海文化出版社, 2002.

[77] 卢国龙. 道教哲学 [M]. 北京：华夏出版社, 1997.

参考文献

[78] 孙亦平. 杜光庭思想与唐宋道教的转型 [M]. 南京：南京大学出版社，2004.

[79] 张广保. 金元全真道内丹心性学 [M]. 北京：三联书店，1995.

[80] 尹志华. 北宋老子注研究 [M]. 成都：巴蜀书社，2004.

[81] 孙以楷主编. 道家与中国哲学 [M]. 北京：人民出版社，2004.

[82] 张岂之主编. 中国思想学说史 [M]. 桂林：广西师范大学出版社，2007.

[83] 汤一介. 郭象与魏晋玄学 [M]. 北京：北京大学出版社，2000.

[84] 冯天瑜. 中华元典精神 [M]. 北京：上海人民出版社，1994.

[85] 崔大华. 庄学研究 [M]. 北京：人民出版社，1992.

[86] 蒙文通. 古学甄微 [M]. 成都：巴蜀书社，1987.